RÉSILIENTES

TOUT EST POSSIBLE

RÉSILIENTES

TOUT EST POSSIBLE

MARIE-HÉLÈNE BARCOS - VIRGINIE BERTRAND
NATACHA DELLARD - CÉLINE GUILLAND
AGNÈS PODSADNY - AMANDINE SERRIÈRE - ELODIE WIART

PLENITUDE PUBLISHING

Ce livre est publié par Plenitude Publishing © 2024
Site Web https://www.PlenitudePublishing.com
Contact wecare@plenitudepublishing.com

Ce livre a été créé par Isabelle Boyer de la Giroday en interviewant les participantes.
Site Web https://isabellegiroday.com
Facebook https://www.facebook.com/isabellegiroday

Amazon Paperback ISBN 978-1-7384646-7-8
Amazon Kindle ISBN 978-1-7384646-8-5

Table des Matières

Quand tout bascule...

Une phrase, un geste, une musique, et notre monde peut basculer en un instant. Tout à coup notre esprit est clair, notre âme nous parle et nous entendons enfin son message : il est temps d'agir, de changer ce qui ne tourne pas rond.

La plupart d'entre nous ont vécu un passage de vie difficile, cette secousse que l'Univers nous envoie lorsque c'est le moment de nous réveiller, de nous révéler à nous-mêmes : de nous choisir.

N'est-ce pas là, tout au long de notre parcours de vie, le fil rouge synonyme de notre résilience : nous choisir, choisir de nous aimer de façon inconditionnelle ? Nous devons nous convaincre au plus profond de nous-même que nous sommes suffisantes telles que nous sommes, assez bien, assez belles, assez intelligentes, que nous méritons et avons de la valeur. Nous nous devons de nous défaire du regard des autres coûte que coûte, de la peur du jugement, de la peur d'être rejetées et de ne pas être aimées.

Le chemin pour y arriver peut parfois être tortueux ou lent. Lors de notre transformation nous nous révélons alors à la lumière, dans toute la magnificence de notre être. Cela va plus vite bien sûr lorsque nous sommes accompagnées dans la bienveillance d'un ou d'une professionnelle.

Dans ce livre vous allez découvrir le parcours de résilience de 7 femmes lumineuses, courageuses et déterminées à rejoindre la lumière au bout du tunnel. Elles espèrent vous inspirer et vous insuffler que **TOUT EST POSSIBLE !**

Elles ne sont pas plus douées que vous, elles n'ont pas plein de qualités que vous ne possédez pas et qui vous empêcherait d'atteindre votre but. Soyez-en sûre, vous avez tout en vous pour réussir tout ce que vous souhaitez entreprendre !

Je vous souhaite une belle lecture et que votre âme se réjouisse de votre métamorphose prochaine. Si l'une de ces histoires vous parle particulièrement, n'hésitez pas à contacter l'auteure qui sera ravie de faire votre connaissance.

Dans l'Amour et la Lumière,

Isabelle

Créatrice du livre collectif Résilientes

Auteure de « Mieux S'aimer Pour Mieux Aimer »

Fondatrice de la maison d'édition Plenitude Publishing

Pourquoi as-tu rejoint le projet collectif Les Résilientes ?

Marie-Hélène Barcos

Ce projet a résonné tout de suite chez moi. Je me suis fait accompagner l'année dernière pour lancer mon activité et ma coach avait écrit un livre (qu'elle offre à ses clientes). Quand je l'ai eu entre mes mains et que je l'ai lu, j'ai senti que moi aussi, je voulais écrire mon histoire. J'en avais envie de partager ce que j'offre comme transformation aux femmes, sans oser le faire toute seule. Donc ça a été une vraie révélation quand j'ai eu connaissance de ce projet, et qu'il restait encore quelques places. C'était l'occasion à saisir, j'en avais rêvé, je ne pouvais pas la laisser passer.

Jusqu'à ce que je découvre le développement personnel et que je comprenne qu'il est possible de mener sa vie autrement que de la manière dont la société veut qu'on le fasse, notamment en écoutant le parcours de femmes et d'hommes montrant qu'autre chose est possible malgré les difficultés, je me suis rendu compte que je m'étais trop tue. Que je n'avais jamais osé partager ce que j'avais à dire, parce que je pensais que ce n'était pas du tout intéressant et surtout parce j'avais le sentiment d'être toujours à contre-courant.

Ce projet est l'occasion pour moi de diffuser mon message, de rattraper le temps perdu, de ne plus me censurer, de pouvoir dire ce que je pense aussi et ce qui me traverse, comment j'en suis arrivée là. Pour pouvoir inspirer d'autres personnes, les aider, à se libérer de choses dans lesquelles elles peuvent se sentir enfermées (qu'elles en aient conscience ou pas), comme d'autres l'ont fait avant pour moi. Parce que c'est en écoutant d'autres parcours de résilience, que cela m'a permis de prendre conscience que c'était possible pour moi aussi de vivre autre chose. Pourquoi les autres y arriveraient et pas moi ? Je trouve que c'est très puissant pour changer nos croyances.

Virginie Bertrand

Participer à ce projet collaboratif de livre a été un élan du cœur, comme un appel : cela disait un grand oui à l'intérieur de moi ! Il fut un temps où j'aurais laissé mon mental interférer mais aujourd'hui, je suis pleinement à l'écoute de mon cœur et je passe à l'action à partir de cet espace... Le mot « résiliente » a résonné par rapport à mon parcours de ces dix dernières années et ce que j'ai encore traversé il y a quelques mois : une merveilleuse opportunité pour poser des mots et retracer tout le chemin parcouru. Ce livre collectif m'a tout de suite séduit : il y avait beaucoup de joie et de curiosité à vivre cette aventure et à partager mon parcours de résilience et tous les cadeaux qu'il m'a été donné de recevoir. Les périodes de crise sont bien souvent de merveilleuses opportunités pour grandir.

Natacha Dellard

Croyez-vous aux synchronicités ? Ces moments magiques où des événements apparemment sans lien de causalité s'alignent pour révéler un sens profond à ceux qui savent écouter. C'est exactement ce qui m'a menée à ce projet d'écriture du livre "Les Résilientes". Cette semaine-là, le mot "résilience" a résonné chaque jour à mes oreilles, comme un doux rappel de l'univers. D'abord, je ne voyais pas en quoi mon parcours pouvait apporter quelque chose de significatif. Puis, en prenant un moment pour réfléchir sur ma vie personnelle et professionnelle, tout est devenu clair : ma propre résilience était le fil conducteur de mon histoire.

Ce projet de livre est une occasion précieuse de partager mon voyage transformationnel, de montrer comment j'ai trouvé ma place et ma liberté dans un système souvent rigide. C'est aussi une manière de cultiver et de célébrer ma féminité, en la reconstruisant avec force et délicatesse.

Pouvoir raconter cette aventure aux côtés d'autres femmes courageuses et résilientes est une opportunité inestimable. Ensemble, nous pouvons inspirer d'autres femmes à découvrir leur propre résilience et à embrasser leur potentiel sans limites

Céline Guilland

Le fait de contribuer à ce projet en commun, c'était véritablement l'occasion que je cherchais pour me lancer dans l'écriture d'un livre pour écrire un bout de mon histoire.

En plus, ce projet représente pour moi l'opportunité incroyable de rencontrer d'autres femmes qui ont cet intérêt commun d'inspirer et de montrer la voie à celles qui pourraient se trouver dans un espace de profonde tristesse, voire, de désespoir.

Je trouve que c'est un message fort parce qu'il met en évidence le fait que les femmes peuvent avancer ensemble, en dehors de toute rivalité ou comparaison. Les unes avec les autres, nous montrons la voie pour proclamer tout haut que c'est possible et pour inspirer d'autres femmes grâce à nos histoires de résilience.

Agnès Podsadny

J'ai ressenti un appel à participer à l'aventure, d'abord parce qu'elle m'offre une formidable occasion de retracer ce parcours de transformation depuis la petite fille ultra timide que j'étais à la femme épanouie et audacieuse que je suis aujourd'hui. Ensuite, parce que j'ai cette envie d'écriture depuis très longtemps. Et si mon témoignage peut nourrir chez d'autres l'espoir d'une évolution heureuse et donner un élan au changement, je m'en réjouis. Je définis ici la résilience comme une capacité à se reconstruire après des traumatismes physiques ou psychologiques.

Amandine Serrière

J'avais cette volonté d'écrire un livre par rapport à ce que j'avais pu traverser ces dernières années. Et quand j'ai découvert ce projet, j'ai trouvé la cause passionnante et je me suis dit que ce serait encore plus puissant d'être à plusieurs femmes pour pouvoir raconter ce que nous avons traversé et comment nous avons pu chacune nous transformer.

Dans ma croyance, si quelqu'un a pu le faire d'abord, c'est que je suis capable de le faire aussi, donc si ce récit peut donner l'espoir, même à une seule personne, de pouvoir se dire : "OK, j'ose, j'y vais, je crois en moi, j'ai la force, je le fais, je peux m'en sortir" Alors ma mission sera remplie.

Elodie Wiart

Si je devais répondre en une phrase, je dirais tout simplement parce que mon corps a répondu « oui » lorsque j'ai découvert ce projet. Cette réponse intuitive est la meilleure illustration que je puisse faire de mon parcours de résilience.

J'ai longtemps négligé les signaux que mon corps m'envoyait sur le plan personnel. La vie me l'a bien fait comprendre et m'a invitée à me remettre au centre de mon existence.

Aujourd'hui, ce monde intérieur qui a longtemps été un terrain hostile est redevenu un partenaire de jeu. J'ai appris à en décoder certaines clés et nous continuons de nous découvrir chaque jour. Il me soutient et si de nouveaux défis surgissent, je sais que nous avons la force intérieure et les ressources pour les relever ensemble, avec confiance.

Ce processus nous permet de nous remettre debout après avoir été brisé. C'est une invitation à nous retrouver, à nous rencontrer nous-mêmes, à guérir nos blessures émotionnelles, à révéler nos forces et nos ressources intérieures pour avancer dans la vie malgré les obstacles. Elle ne s'apprend pas dans les livres mais se vit et demande du courage en acceptant d'en traverser l'expérience. Il faut être sacrément fort pour s'asseoir en tête-à-tête avec soi-même et calmer ses tempêtes, guérir ses blessures et affronter ses « parts d'ombre ». Serait-ce cela le début du chemin vers l'amour propre ?

Je crois que chaque être humain possède sa propre couleur, sa propre note de musique. Lorsque nous nous éloignons de cette essence, la vie nous y ramène à travers des signaux plus ou moins forts.

A travers ces quelques pages, je vous offre un fragment de mon expérience personnelle de guérison, au côté de celles d'autres femmes. Les témoignages sont des miroirs qui permettent à ceux qui les reçoivent de faire des ponts avec leur expérience de vie. Si ne serait-ce qu'une seule personne peut trouver dans ce livre un miroir pour éclairer son propre chemin, alors il aura fait son œuvre.

MARIE-HELENE BARCOS

Face à l'impuissance se choisir et choisir sa vie

Raconte-moi ton parcours de résilience

Il y a encore des prises de conscience, j'en ai tous les jours, expliquant mon pourquoi, mon histoire. Ce qui remonte à la surface de plus en plus, dont je me rends compte, c'est qu'à chaque fois que je me mets fortement en colère, il y a toujours la même chose qui se cache derrière. C'est quand je me sens impuissante. Quand j'ai l'impression de ne pas avoir le choix, quand j'ai l'impression qu'on m'impose des choses. Du coup, j'ai fait le rapprochement avec mon histoire de vie, ce que j'ai vécu petite.

Ma mère s'est retrouvée toute seule avec deux enfants, mon grand frère et moi, à la suite du décès de notre père. Même si j'étais très petite et que je n'ai pas l'impression d'en avoir souffert directement tant que ça, c'est comme si j'avais pris sur moi tout ce que ma mère a enduré, toute la souffrance que cela a généré. C'est vrai que je n'ai jamais compris pourquoi elle s'était mise dans cette situation. Mais j'ai compris qu'elle a fait ce qu'elle a pu comme elle a pu. Elle s'est retrouvée dans une situation de dépendance. À la suite d'évènements que l'on ne peut pas forcément maîtriser, on se retrouve bloqué, on n'a plus le choix.

Mes parents avaient décidé de faire construire leur maison sur un terrain qui appartenait à mes grands-parents (les parents de mon père) et qui était situé à côté de leur maison, donc ils habitaient juste à côté. Et quand mon père est décédé (j'avais quatre ans et demi), ma mère s'est fait mettre dehors de chez elle. On s'est retrouvé à la rue tous les trois parce que ses beaux-parents nous ont mis dehors. J'ai alors bien intégré qu'il était indispensable dans la vie de ne pas me mettre dans des situations qui me feraient me sentir impuissante, soumise, vulnérable, dépendante.

Ne pas avoir fait le nécessaire pour que le terrain appartienne à mes parents, a eu pour conséquence de se retrouver dans cette situation-là. Ça s'est retourné contre elle, elle n'avait plus aucun moyen d'action. Elle n'avait plus d'autre choix que de partir car sa maison était sur un terrain, qui ne lui appartenait pas. Je pense que c'est vraiment cette situation-là et tout ce qu'elle a vécu après, qui ont orienté tous mes choix pour éviter impuissance, soumission, pour ne pas subir les choix des autres, ne pas avoir le choix. Ça me met vraiment en forte réaction toutes ces situations. Je pense qu'aucune personne ne devrait vivre cela. Je me suis toujours dit que justement je ne voulais absolument pas vivre ça. Je voulais tout sauf ça.

Depuis toute petite, je n'avais donc d'autre solution que de travailler beaucoup et bien à l'école pour pouvoir choisir le métier que je voulais faire. Pour avoir un bon travail, un bon emploi, et ne pas me retrouver dans cette même situation, et surtout ne pas dépendre d'un homme. Parce qu'en plus, ma mère travaillait avec mon père, ils étaient artisans tous les deux et donc en même temps, elle a aussi perdu son travail. Elle a vraiment tout perdu. Surtout qu'elle avait également arrêté ses études quand elle l'a rencontré. Tout cela étant très fortement ancré chez moi, il m'était impossible de reproduire la même chose, de répéter les mêmes erreurs, parce que c'était selon moi ce qui l'avait amené à tout perdre en même temps.

La valeur travail est donc devenue très importante chez moi, j'ai beaucoup travaillé, toujours. Je me suis conformée au moule, à ce que la société attend de nous. Quand on est jeune, on doit travailler, on doit trouver un emploi, un CDI, un emploi qui est bien payé, bien valorisé. On ne se demande absolument pas si c'est quelque chose qui nous plaît réellement, qui nous correspond vraiment. On ne nous apprend pas à nous connaître, pour trouver ce qui nous est totalement adapté. Finalement, le principal, c'est de pouvoir avoir un emploi qui nous rapporte suffisamment d'argent, pour pouvoir s'acheter une maison, pour pouvoir s'endetter, pour pouvoir créer une famille, pour pouvoir consommer. Et probablement travailler à un poste, pour lequel il sera difficile de se lever chaque matin, pendant quarante-sept semaines dans l'année, afin de pouvoir partir cinq semaines par an en vacances, si on a de la chance. Je me suis retrouvée donc sur ces rails, sans me poser plus de questions, comme la plupart d'entre nous.

Par réaction à ce qu'avait vécu ta mère, tu as eu cet engouement supplémentaire pour rentrer dans cette vie-là ?

Oui, je pense. Quand je me penche sur ce que j'ai vécu et les plus lointains souvenirs que j'ai, ce qui est omniprésent, c'est qu'il faut beaucoup travailler pour s'en sortir dans la vie. La vie, ce n'est pas forcément facile. Il faut travailler fort. Ça a été très difficile pour moi de trouver une orientation, de trouver le métier que je voulais faire parce que j'aimais beaucoup l'école, j'aimais beaucoup apprendre. Donc beaucoup de difficultés à choisir, parce que choisir c'était renoncer à tout le reste. Et si je me trompais ? Une pression énorme est mise sur les enfants à ce moment-là, alors que quand on sait qu'il sera toujours possible de changer si on se rend compte que finalement ce n'est pas ce qui nous plaît, cela fait retomber le stress lié à ce choix.

J'aimais beaucoup les mathématiques, je suis tombée par hasard, lors d'un salon d'orientation, sur une école pour préparer à la gestion financière et comptable d'entreprises. Je me suis dit que ça pourrait m'intéresser, c'était socialement valorisé aussi et plutôt bien rémunéré. Je pouvais y aller, j'étais en sécurité, il y aurait toujours du travail dans ce domaine. Ça ne me passionnait pas plus que ça. Mais ce n'était quand même pas trop mal. J'ai travaillé fort pendant mes études et à tous les postes que j'ai eus dans ce domaine. Mais je n'ai jamais vraiment trouvé ma place dans une entreprise. J'étais très compétente et mes employeurs étaient satisfaits de mon travail. Je n'étais jamais rémunérée à la juste valeur du travail que je ne fournissais ni à la hauteur de mon investissement. Je n'arrivais pas à me sentir réellement bien à un endroit. Je restais un certain temps et quand j'avais fait le tour, j'avais besoin d'aller voir ailleurs. J'en avais assez, je m'ennuyais.

Cette impression d'être instable, de ne jamais être contente de ce que j'avais me questionnait. Voilà mon parcours jusqu'au Covid, période pendant laquelle j'ai eu de grosses prises de conscience, grâce notamment à la facilité d'accès à plein de ressources en ligne. L'offre a été vraiment démultipliée. J'ai commencé par écouter le parcours de femmes, notamment celui de Virginie, qui participe aussi à ce livre. Je l'avais découverte dans un sommet en ligne. J'en ai suivi beaucoup avec des témoignages et partages de leur histoire, de leur parcours de résilience. Et notamment l'histoire de Virginie, qui est assez forte. Malgré leurs difficultés, elles avaient réussi à rebondir.

J'avais l'impression de ne pas avoir vécu grand-chose de mon côté quand j'écoutais le parcours d'autres personnes qui avaient vécu des évènements vraiment très difficiles à traverser. Si eux s'en étaient sortis, je pouvais moi aussi choisir de vivre autre chose, autre chose était possible. Mais quoi ? En général, ces personnes étaient dans le salariat, elles avaient suivi aussi toute leur vie, une route toute tracée, et se sont rendu compte que ça ne leur convenait pas du tout. Vouloir changer d'entreprise tout le temps, souvent, ne jamais être contente de ce que j'avais, ne pas être épanouie professionnellement, j'aspirais à autre chose. C'était difficile à vivre, j'avais besoin, envie d'être utile au monde, d'aller travailler tous les jours avec joie, avec envie ; c'était le cas au tout début, quand j'arrivais dans un endroit, et puis ça retombait très vite.

J'ai appris beaucoup et surtout que c'était possible de suivre un autre chemin. J'ai donc décidé de me faire accompagner pour trouver une autre voie professionnelle, parce que je savais que je ne voulais plus faire ce que je faisais, mais je ne savais pas du tout ce que je voulais faire d'autre. J'avais envie de trouver ce qui me permettrait de m'épanouir professionnellement. C'est le premier accompagnement que j'ai suivi, le premier d'une longue liste qui continue de s'allonger. Contrairement à ce qu'on nous apprend à l'école, je suis allée creuser dans ce que j'aime plutôt de façon large. J'avais déjà fait des bilans de compétences qui ne m'avaient rien apporté du tout, parce qu'on se basait sur ce que je savais déjà faire, ce que je pouvais aimer faire professionnellement de manière classique. D'ailleurs, je mets un point d'honneur à transmettre à mes enfants de faire ce qui leur plaît, pour qu'elles puissent trouver une activité professionnelle qui leur permettra de s'épanouir, de pouvoir faire chaque jour ce qu'elles aiment. Et quand elles me demandent si tel ou tel métier est bien payé, je leur suggère de se demander plutôt si ça leur plairait.

Donc, j'ai commencé par aller chercher ce qui me plaisait, ce qui était facile, même ce que j'avais mis sous le tapis quand j'étais petite, comme chanter, j'adorais chanter. Je passais des heures à chanter, c'était l'époque où on avait des cassettes, je les rembobinais pour écrire les paroles des chansons pour pouvoir les chanter. Ma grand-mère m'emmenait à la messe et j'aimais y aller rien que pour chanter. Je ne me suis jamais dit que je pouvais en faire une activité professionnelle, même si c'était l'époque de la Star Academy, quand j'étais adolescente, et d'autres émissions de ce genre. J'avais passé quand même un casting où ma mère m'avait amenée. Ça n'avait rien donné, le chant, c'était juste un plaisir, que je pouvais pratiquer, n'importe où, n'importe quand. Mais je n'avais jamais envisagé sérieusement de pouvoir en faire un métier. Qu'est-ce que je sais faire facilement, spontanément, sans effort ? Chanter ! Mais comment en faire une activité professionnelle ?

La deuxième chose qui est venue, qui avait été facile pour moi, c'était le fait de vouloir donner naissance naturellement à mes enfants, c'était une évidence. Et ça, c'est quelque chose que ma mère m'a transmis aussi, puisqu'elle m'a toujours parlé, avec des mots positifs, de la naissance, contrairement à ce qu'on peut entendre trop souvent, comme quoi c'est dangereux, que cela nécessite une péridurale, une médicalisation. Elle a eu trois beaux accouchements naturels. J'ai toujours entendu que la naissance était facile, et qu'il n'y avait pas besoin d'une péridurale pour donner la vie. C'était une évidence, quand j'ai eu mes enfants, de leur donner naissance naturellement.

Quand j'étais enceinte, le chant prénatal m'avait interpellée, mais ce n'était pas comme aujourd'hui où on peut faire ça facilement à distance. Il n'y avait personne qui proposait des préparations à la naissance en chant prénatal près de chez moi, donc je n'ai pas pu me préparer avec cet outil-là. J'ai suivi une préparation classique à la naissance et malgré toute ma détermination, malgré les croyances positives que j'avais sur la naissance, que c'était naturel, j'ai quand même un petit peu souffert à la fin pour ma première fille. Parce que, justement, je n'avais pas les bons outils.

Dans une préparation classique à la naissance, on nous transmet plutôt le côté médical de la naissance et pas du tout comment favoriser le processus naturel que c'est en réalité. Ça a été assez court, je n'ai pas souffert longtemps et j'ai quand même pu aller au bout de mon projet de naissance naturelle mais pour autant, j'estime aujourd'hui, avec toutes les connaissances que j'ai sur la naissance et comment la favoriser naturellement, que j'aurais pu faire autrement, que j'aurais pu mieux faire.

Le chant prénatal est réapparu alors dans ma vie, après plusieurs rendez-vous manqués, lors de cet accompagnement à la reconversion professionnelle.

C'était comme une évidence, parce qu'il est la réunion de deux choses qui sont pour moi faciles. Et c'est pour ça qu'aujourd'hui, ce qui me tient vraiment à cœur, c'est d'accompagner les futures mamans qui veulent justement vivre une naissance naturelle, mais sans souffrir ; parce qu'il est possible de ne pas souffrir, même si on ne souhaite pas de péridurale. Et trop peu de femmes le savent. J'ai donc créé l'accompagnement dont j'aurais voulu bénéficier. Pour offrir une autre alternative qu'une surmédicalisation de l'enfantement aux femmes qui veulent vivre ce processus de manière naturelle.

Pendant la période du covid tu as un déclic, tu découvres un autre univers, tu apprends que c'est possible de créer une autre réalité, de faire un métier de ce que tu aimes faire, mais comment est-ce que tu gères tes émotions dans cette transition ?

Ça n'a pas été facile parce que c'est venu remuer tout ce que j'avais besoin de travailler justement. Et pour faire le lien avec ce que je partageais au tout début, quand je parlais de ce qui me mettait en colère et notamment pendant la période du covid (je ne suis sûrement pas la seule à avoir été en colère à ce moment-là), avec tout ce qu'on nous a imposé, le lavage de cerveau qu'on a subi, je me suis rendu compte que décider pour moi, me dire ce que je dois faire, et savoir ce qui est le mieux pour moi à ma place et me voir imposer certaines choses (qui ne me plaisent pas en plus), ne pas pouvoir choisir et subir les décisions des autres, c'est devenu insupportable pour moi.

J'ai été vraiment très en colère. Contre l'état qui voulait nous soumettre pour faire ce qu'il avait décidé qui était bon pour nous. On n'avait pas le droit de décider pour nous-mêmes. J'estime que chacun est libre de savoir ce qui est le mieux pour lui. Et donc de pouvoir faire ses propres choix en conscience. Je voulais juste être libre. Je voulais être libre de choisir et que chacun soit libre aussi de choisir ce qui était bon pour lui. Ça aussi, ça a été un gros déclic. Le lien avec tout le reste, c'est de me rendre compte qu'en fait on nous impose, quelque part, notre manière de vivre notre vie. On est formaté de telle manière à ce que notre liberté de choix soit réduite et surtout notre liberté de réflexion.

Aujourd'hui, je sais que je peux m'autoriser à faire ce que j'aime à titre professionnel. Je sais ce qui m'enthousiasme mais pour autant je suis toujours salariée à temps partiel dans la comptabilité et la gestion financière. Jusqu'à début 2023, je cumulais trois temps partiels, tout en me formant et en essayant de lancer mon activité. J'ai essayé bien sûr de tout cumuler, mais je me suis épuisée. Parce que travailler, plus s'occuper d'un foyer avec trois enfants et un mari, plus se former, plus lancer son activité... ça faisait trop. J'ai quand même commencé à me former au chant prénatal en étant salariée. J'ai réussi à faire les deux et à me former au lancement d'une activité. Et puis, je me suis décidée à me lancer. J'avais envie de me lancer, mais c'était vraiment compliqué de pouvoir tout faire en même temps. J'ai donc arrêté deux emplois que j'avais. Et aujourd'hui, je ne suis plus que sur trois demi-journées par semaine salariée. Et en parallèle, depuis deux mille vingt-trois, je développe mon activité.

Comment tu as réussi à faire la paix avec ces différentes parties de toi qui voulaient aller dans un sens et peut-être tout balancer par la fenêtre et dire ça y est, je m'en vais ?

C'est pour ça que ça a pris du temps. Entre deux mille vingt et deux mille vingt-trois, j'ai eu besoin d'aller travailler le fait de ne pas vouloir être dépendante financièrement de mon mari. Ce n'était pas possible pour moi par rapport à l'histoire que j'ai vécue, à l'histoire qu'a vécue ma mère. J'ai quand même dû accepter le fait de l'être temporairement, le fait de devoir lâcher sur ce point pour m'épanouir professionnellement. Parce que même si j'ai quitté deux de mes emplois sur trois en ayant le chômage, ça ne dure pas éternellement. Ça a été un long travail pour moi, ça ne s'est pas fait du jour au lendemain. Je me rends compte du chemin parcouru. Et si j'ai tenu si longtemps en étant salariée, c'est parce que c'était trop difficile de lâcher mon emploi, et de devoir dépendre de mon mari.

Ce n'est pas là aussi une partie de ton parcours de résilience ? C'est-à-dire travailler sur toutes tes croyances et comment tu pourrais façonner ta vie professionnelle ?

Oui c'est exactement ça. Il fallait que je trouve ma manière de me sentir sécure. Malgré le fait de vouloir suivre ce projet, je ne voulais pas me retrouver totalement dépendante et c'est pour ça que j'ai gardé aussi l'emploi qui me correspondait le plus, où je me sens le plus à l'aise. Je n'ai pas forcément envie de le quitter même aujourd'hui. Pas encore. C'était très important d'aller à mon rythme et de trouver ma manière de faire. Pour que je me sente bien et pas dans le manque, pas dans la peur, parce qu'on ne peut pas développer une activité sereinement quand on a ces ressentis.

C'est à chacune de trouver le cheminement qui lui correspond. C'est important aussi de ne pas se culpabiliser et de ne pas penser qu'on ne fait pas assez bien ou qu'on ne travaille pas assez, n'est-ce pas ?

Tout à fait. Je pense qu'on a, en plus, été bien conditionné par le salariat. J'ai vraiment dû déconstruire beaucoup de choses, changer de manière d'appréhender la vie. Ça ne s'est pas fait en un jour. Ça a pris du temps, ça prend du temps et ce n'est jamais terminé, je pense. On peut toujours avancer sur ce chemin-là. Donc c'est toujours en cours.

Alors comment est-ce que tu as fait ? Tu t'es fait accompagner dans cette transition ?

Je n'ai jamais été voir de psy, je n'en ai jamais vraiment ressenti le besoin, ça m'aurait peut-être aidée sur certains aspects. Mais quand j'ai découvert le coaching, je me suis rendu compte à quel point cela permettait de faire des pas de géant en étant accompagnée. A partir du moment où j'ai pris conscience que je n'avais plus envie d 'exercer mon activité professionnelle, je voulais trouver ce qui me plairait de faire. Mais je pensais ne jamais y arriver toute seule ou alors ça me prendrait des années. Et je voulais que ça aille vite, donc j'ai choisi de me faire aider. Et depuis, pour tout ce sur quoi je veux avancer vite, je me fais accompagner. Voilà comment ça a commencé.

En plus, ça a été une très belle expérience. Je suis toujours en contact avec les personnes du groupe dans lequel j'étais. C'est une aventure très riche, ça me permet de rencontrer pleins de belles personnes avec qui je me sens bien, avec qui je peux être moi-même, dans lesquelles je me reconnais. Parce que c'est aussi le fil conducteur que je retrouve tout au long de mon parcours : cette impression d'être une extraterrestre sur Terre, de ne pas être comme tout le monde (même si on est tous différents), de ne pas comprendre le monde qui m'entoure et de ne pas me sentir comprise. Ne plus se sentir seule, ça fait du bien.

C'est un des grands points positifs du développement personnel : en rejoignant des groupes dans lesquels on se sent bien, on se sent

accueilli et on évolue ensemble vers des objectifs similaires.

C'est aussi pour cela qu'une fois terminé l'accompagnement à la reconversion professionnelle, quand j'ai eu envie de lancer mon activité, j'ai souhaité continuer à me faire aider et à être entourée de personnes dans le même cas que moi, avec qui on se comprend et on peut se soutenir, pour s'aider à avancer. Je suis toujours accompagnée, que ce soit pour mon activité, pour travailler sur ma relation à l'argent, pour savoir m'apaiser aussi et oser être moi, travailler ma voix, revenir à moi, dans mon corps, parce que c'est aussi ce que je transmets avec le chant prénatal. J'ai eu besoin d'évoluer et de pouvoir grandir à ce niveau-là pour pouvoir aider d'autres personnes.

Justement, quel est ton accompagnement ?

J'accompagne les futures mamans qui veulent, à priori, donner naissance naturellement à leur enfant, même si on ne peut pas savoir en avance comment ça va se passer. Mais en tout cas, elles ont ce souhait-là, et veulent s'y préparer, sans pour autant souffrir. Ce que je souhaite par-dessus-tout, c'est véhiculer et répandre cette idée que c'est possible, que la naissance n'a pas pour vocation à être douloureuse. Au contraire même, car comme lors d'une relation sexuelle, la naissance concerne les mêmes organes et les mêmes hormones, et demande les mêmes conditions de sécurité, et d'environnement. La naissance a donc pour vocation à être source de plaisir. Ne serait-ce que pour assurer la survie de l'espèce. Mais sans aller jusqu'à cette injonction, comme un but ultime à atteindre, comme tout processus physiologique qui se passe dans notre corps, donner naissance n'a pas vocation à être source de souffrance. Sinon cela signifie qu'il faut justement agir pour se sentir plus confortable.

On croit, majoritairement, qu'il n'y a que la péridurale qui peut aider à soulager la douleur, alors qu'il existe pleins d'autres outils naturels, qui, en plus, n'empêchent pas la naissance de se dérouler dans les meilleures conditions. Et qui favorisent le processus, pour limiter les interventions qui trop souvent encore l'entravent. Car peut s'en suivre la cascade d'interventions, comme on l'appelle, pouvant aller jusqu'à la césarienne. En général, ce n'est pas ce que les mamans souhaitent, même si certaines aimeraient bien pouvoir se passer de la naissance.

Mais quand on a envie de vivre un enfantement en conscience, quand on veut accompagner son bébé, je suis là pour aider les femmes à être actrices, pour ne pas subir ce qu'on a décidé qui était bon pour elles. En intégrant les notions indispensables à connaître sur la physiologie de la naissance, pour savoir comment la favoriser, en apprenant à s'écouter, à écouter son corps, parce que la naissance est un processus physiologique, qui se vit donc dans le corps. Les femmes ont besoin d'être à l'écoute de leur corps qui les guide pour trouver les positions qui ne les font pas souffrir et qui aident l'enfant à avancer. La douleur étant un signe indiquant que les bonnes et meilleures conditions ne sont pas réunies.

Oser faire entendre sa voix, pour faire respecter ses choix, gagner en confiance en soi, et développer l'écoute de son intuition, indiquant ce que l'on souhaite ou non vivre, se faire confiance dans les décisions que l'on prend et qui sont toujours les meilleures pour soi et son bébé, n'est pas toujours évident face au personnel médical. Les précédents éléments intégrés permettent de savoir se positionner naturellement dans une relation d'égal à égal. Les soignants détenant certes le savoir médical, mais les femmes ont le droit de rester maîtresses de leurs décisions, et de pouvoir se faire un avis éclairé dans une relation de confiance. Sans se retrouver à devoir choisir entre leurs ressentis et la culpabilité de laisser faire la nature, quand il n'y a aucune pathologie qui indiquerait une intervention indispensable. Beaucoup trop de femmes encore regrettent après coup, de ne pas s'être mieux préparées, de ne pas avoir réussi à dire non, leur enfantement ayant tourné au cauchemar, au traumatisme.

Nous ne sommes que très peu sensibilisés aux violences gynécologiques subies par les femmes pendant leur grossesse et leur enfantement. Les récits de viols sont encore très fréquents. Ce n'est pas parce qu'une femme attend un bébé, d'autant plus qu'elle se retrouve dans une situation de vulnérabilité, qu'elle doit tout accepter, subir, sans pouvoir donner son consentement. Hors urgence vitale, tout patient doit pouvoir donner un consentement libre et éclairé (et ce consentement peut être retiré à tout moment) et trop de femmes encore ne savent même pas qu'elles peuvent refuser un toucher vaginal, qu'elles sont en droit de le faire, et surtout qu'on doit leur expliquer, avant cet acte, à quoi il sert et quelles sont les conséquences si elles refusent.

Le personnel soignant est maintenant de plus en plus formé (la loi date de 2002) mais nous sommes nombreuses, nous qui avons déjà enfanté depuis quelques années, à avoir été violées sans même le savoir. Et cela arrive encore de nos jours. J'ai moi-même, en 2010, fait l'expérience d'un décollement des membranes (cela consiste, lors d'un toucher vaginal, à passer un doigt entre la paroi de l'utérus et la poche des eaux. Et permet, en effectuant ce geste circulaire de 360 degrés, de « décoller » la poche dans laquelle se trouve le bébé de la partie inférieure de l'utérus, pour tenter de favoriser la mise en travail spontanée, sans déclencher le travail selon d'autres méthodes artificielles, quand le terme est atteint). Sans avoir été prévenue, donc sans avoir recueilli mon consentement, sans avoir eu d'explication, sans avoir pu choisir. Sous les yeux de mon mari, qui ne savait pas plus que moi, ce qui était en train de se passer.

Il ne s'agit pas ici de jeter la pierre aux professionnels médicaux, qui font de leur mieux, avec les moyens qu'ils ont, mais de sensibiliser le plus de personnes possibles à ce qui peut se passer lors de la grossesse, lors de l'enfantement, pour que ça cesse. Donner la vie est un acte fondateur, qui peut avoir d'énormes conséquences négatives comme positives, selon la manière dont il est vécu. Se préparer à la naissance autrement : en étant en lien avec son enfant et en partageant des émotions grâce aux sons. Tout le monde a déjà vécu ça, entendre une chanson en particulier, qui réveille en soi, des émotions, des souvenirs qui peuvent être très forts. C'est aussi ce que je propose : permettre aux futures mamans de s'offrir des souvenirs, de partager pendant la grossesse des chansons, des sons avec leur enfant, et la famille élargie (les aînés, le conjoint, etc....) pour pouvoir après les partager tout le reste de leur vie, en se remémorant ces bons moments à la demande, rien qu'avec une chanson. Créer un lien pendant la grossesse qui va perdurer.

Je chante encore avec mes filles très souvent (bien qu'elles soient déjà grandes) et c'est vraiment quelque chose de très important pour nous, des moments de partage qui nous permettent aussi de traverser des moments difficiles. Ça nous permet de rester en lien, surtout à l'adolescence quand ça peut être compliqué. Je connais ce sentiment d'impuissance, d'infantilisation, de soumission et d'humiliation, de ne pas savoir comment faire pour ne pas subir, de ne pas pouvoir faire ses propres choix, avec le poids de la culpabilité. Je ne souhaite à personne de le vivre, car je sais à quel point cela peut être traumatisant et handicapant dans tous les domaines de sa vie.

Les dégâts que fait l'intervention dans les naissances sur la confiance en elles des mères et sur leurs capacités à s'occuper de leurs bébés doivent cesser, pour une meilleure santé psychologique et émotionnelle des femmes et donc des familles et par voie de conséquences de tout l'humanité. Je crois dans les capacités de chaque femme à se faire confiance pour savoir ce qui est bon pour elles et leurs bébés. C'est bien plus qu'une préparation à la naissance naturelle que je propose aux futures mamans, c'est apprendre à s'écouter, à écouter ses ressentis, à se faire confiance, à se faire respecter et à faire respecter ses choix. Des compétences qui leurs seront utiles et transposables à tous les domaines de leur vie. Oser, prendre du temps pour soi, ralentir, se faire du bien, se faire passer en premier, se faire plaisir, pour pouvoir mieux s'occuper de son bébé. Ne plus avoir peur de dire non par peur d'être rejetée, ne plus se sentir inférieure aux autres et se contenter du minimum, trouver sa place, être respectée. Et tout cela dans la joie et le plaisir, grâce aux pouvoir des sons.

J'ai fait ce travail d'apprendre à écouter mes ressentis qui m'ont toujours guidée vers le meilleur pour moi plutôt que d'écouter mon mental qui m'a souvent fait faire ce qui ne me convenait pas, mais qui me faisait rentrer dans le moule. Et comme je sais à quel point cela peut être une source de souffrance, c'est la raison pour laquelle, aujourd'hui, j'aide d'autres femmes, à trouver leur place, au moment même de leur maternité, afin de leur éviter de longues années d'errance et de souffrance.

Donc tu proposes en plus des outils qui perdurent bien au-delà de la naissance, c'est magique. Et ta maman, qu'est-ce qu'elle pense de tout ça, de ton parcours, de ce que tu fais, de tes aspirations ? Parce que c'est quand même elle qui est, quelque part, ta première inspiration au sujet de la naissance naturelle, et de tout ton parcours de résilience.

Oui et c'est vrai que j'ai de la chance. Beaucoup de personnes, quand elles décident de quitter le salariat, ne sont pas forcément encouragées, soutenues. Même si je suis adulte depuis longtemps, elle m'a toujours laissée faire mes choix. Je n'ai jamais reçu de sa part de projections de peurs ou autres.

Est-ce que tu vas lui faire lire ton chapitre du livre ?

C'est vrai que je me suis déjà imaginée offrir ce livre autour de moi, pour partager ce que je n'ai jamais osé dire. Ça sera une autre étape qui va me faire grandir. Et ma mère m'a toujours dit qu'elle aimerait écrire son histoire, alors peut-être que justement lui offrir ce livre, pourrait lui donner envie de le faire aussi.

Qui Suis-Je ?

Je suis animatrice de l'association française de chant prénatal musique et petite enfance spécialisée en chant prénatal.

Je savais avant même d'attendre mon premier enfant que je donnerai naissance dans toute ma puissance, considérant l'enfantement comme un acte naturel.

N'ayant pu être accompagnée comme je le souhaitais pour traverser ce passage qu'est la naissance et accueillir chaque vague m'amenant mon bébé sans souffrir, je me consacre désormais à l'accompagnement des futures mamans afin qu'elles puissent accéder et libérer leur puissance pour donner naissance en conscience et selon leurs choix pour retrouver la liberté d'enfanter sans souffrir dans la joie et le plaisir grâce au chant prénatal.

En reprenant conscience de son corps, en apprenant à s'y (re)connecter, pour retrouver son pouvoir de donner la vie en pleine puissance, en lien avec son bébé et son conjoint, en osant libérer sa voix, pour faire respecter ses choix, et mettre toutes les chances de son côté pour vivre une naissance naturelle et sereine.

Liens pour me joindre :

Mon groupe Facebook
https://www.facebook.com/groups/767134670946150/

Mon profil Facebook
https://www.facebook.com/mariehelene.perebarcos

Mon compte Instagram
https://www.instagram.com/accoucher_naturellement/

Mon mail
marieln@plaisirliberte.fr

Toutes mes ressources offertes
https://linktr.ee/mariehelene65

VIRGINIE BERTRAND

La résilience, c'est réaliser que la vie ce n'est pas un combat

Parle-moi de ton parcours de résilience

J'ai tout fait dans les règles de l'art et je suis, on peut dire, rentrée dans les cases, les stéréotypes de notre société sans trop me poser de questions, comme un chemin déjà tout tracé à l'avance : des études d'ingénieur agronome pour avoir un job épanouissant dans le marketing du vin, me permettant de vivre une vie très confortable et d'être financièrement autonome et indépendante. Puis je me suis mariée, j'ai eu trois merveilleux enfants.

Nous avons vécu à Paris pendant quatorze ans et deux ans après la naissance de notre dernière fille, nous avons déménagé dans la Drôme pour une vie plus tranquille : un 1er saut dans l'inconnu, une 1ère opportunité de ralentir et découvrir à 34 ans qu'il était possible de vivre autrement, plus proche de la nature et à un rythme moins effréné ! J'avais alors tout pour être heureuse : un poste de directrice marketing, une grande maison, une piscine, un chien, un chat, une magnifique petite famille, bref, un peu le cliché idéal de la « réussite » ! Et puis un jour, tout m'a claqué dans les doigts. Il y avait quelques prémices mais je ne les ai pas vus ou je ne voulais pas les voir.

J'ai vécu un véritable tsunami : tout ce que j'avais construit minutieusement, pas à pas pendant vingt ans est parti en fumée au sens propre au sens littéral du terme. Je me suis retrouvée dans une situation inhabituelle, je me suis sentie très vulnérable et totalement perdue.

Un soir d'été 2012, au bord de la piscine, je découvre par le plus grand des hasards que mon mari a quelqu'un d'autre dans sa vie : un message sans équivoque qui s'affiche quelques secondes sur l'écran de son téléphone que je viens de prendre dans la main juste pour regarder l'heure... Cela ne tient à pas grand-chose... Quelle douche froide ! Cela a été le début de ma descente aux enfers car je ne m'y attendais pas du tout : je me suis effondrée. Pour moi, la famille était quelque chose de sacré, cela faisait partie quelque part de ma réussite. J'étais tellement fière de ce que nous avions construit avec mes trois enfants et mon mari, réussissant le pari de changer de vie en s'installant dans un coin de paradis en province.

Sous le choc au démarrage, j'ai eu envie de reconstruire, de me poser les bonnes questions : pourquoi en étions-nous arrivés là, comment rebondir ? Mais la Vie en avait décidé autrement et je ne contrôlais plus rien. Noël 2012, mon mari m'annonce qu'il a décidé de me quitter et qu'il n'y a pas de retour en arrière possible. Nouvelle douche froide : je passe la nuit du 24 décembre à pleurer toutes les larmes de mon corps. À peine remise de mes émotions, une nouvelle épreuve frappe à ma porte : le 5 janvier 2013, c'est notre belle maison dans laquelle nous avions emménagé deux ans auparavant qui brûle, une belle maison écologique, un petit coin de paradis dans le parc naturel du Vercors au pied des montagnes, dans la petite ville de Die.

Nouveau choc, surtout quand je suis arrivée sur les lieux puisque j'avais passé les fêtes de fin d'année en montagne avec mes parents et mes enfants : un spectacle de désolation, une maison au toit éventré par l'incendie. Émotionnellement parlant, cela a été un moment terrible étant encore ébranlée par l'annonce du départ de mon mari. Je me suis retrouvée du jour au lendemain sans toit, sans mari, sans foyer. Un mois en transition dans une maison que des amis nous avaient prêtée puis j'ai pu emménager dans une maison en location et quelques semaines après nous avons mis en place une garde alternée.

J'ai appris, contre mon gré, à vivre seule une semaine sur deux : une période très sombre et très triste pour moi. C'était tellement difficile les dimanches soir quand il fallait ramener les enfants, et que je rentrais seule chez moi en pleurant. La famille, c'était des valeurs qui étaient importantes pour moi, je n'avais pas fait des enfants et je ne m'étais pas mariée pour en arriver là ! C'est à ce moment-là où j'ai commencé à cheminer, à méditer, puis j'ai découvert la pleine conscience, cela m'a véritablement sauvé la vie. C'est comme si un nouveau chemin s'était ouvert. Pourquoi ? J'étais tellement mal qu'il fallait bien que je fasse quelque chose : je ne pouvais pas rester dans cet état-là, me lamenter, me sentir victime de la situation. Un élan de vie s'était soudain rallumé, il fallait que je bouge, pour moi, pour mes enfants car la dernière tuile qui pouvait m'arriver, c'était de tomber malade. Et ça, je ne le voulais pas, c'était pour moi inconcevable. C'est ce qui m'a littéralement poussé à me mettre en marche car j'ai senti que mon corps était mon bien le plus précieux : c'était de mon devoir d'en prendre soin, personne ne pouvait le faire à ma place ! Une prise de conscience salutaire...

J'ai donc commencé à explorer le développement personnel, participé à de nombreux stages, entamé un chemin de guérison. Heureusement, car quelques mois plus tard, c'est mon patron qui me convoque dans son bureau en rentrant de mes vacances à Bali avec mes enfants début septembre : il me remet une lettre préalable à licenciement. Encore une douche froide : je ne m'y attendais pas du tout non plus. Je me sentais hyper bien dans cette entreprise, cela se passait bien, j'étais comme un poisson dans l'eau, même si je commençais à avoir fait le tour de mon poste de direction marketing et je sentais en moi un besoin de nouveauté... Mais mon travail était ma bouée de sauvetage dans la période compliquée que je traversais et je m'y accrochais un peu comme une moule à son rocher ! Je l'ai vécu comme une nouvelle « trahison » avec le sentiment d'un coup de couteau planté dans le dos.

Au bout d'un mois, retournement de situation : il ne voulait plus me licencier. Mais pour moi le mal était fait : c'était hors de question à ce moment-là de poser ma démission puisque j'avais mes enfants financièrement à charge. Sept mois plus tard, je me suis fait officiellement licencier. J'ai finalement vu cette crise comme une vraie opportunité de changer de vie pour me sentir plus libre et mieux respecter mon rythme. Cela a été un vrai moment de libération : pouvoir enfin larguer les amarres, me poser les bonnes questions sur mon avenir, prendre du temps pour moi après 18 ans de salariat où j'avais gravi les échelons, comme on dit, et où malgré tout je me sentais épanouie même si j'étais souvent à fond, à courir partout sans jamais prendre le temps de me poser et de savourer véritablement ma vie.

Ce fut le grand saut dans l'inconnu mais j'étais loin d'imaginer tout ce qui m'attendait !

Je me suis retrouvée dans une période de retour à moi, de reconnexion à mon corps, j'ai pris du temps pour moi, faisant une vraie pause, ce que je n'avais jamais fait pendant des années, comme un arrêt sur image salutaire dans une vie trépidante. Je suis partie à la découverte de disciplines diverses et variées : le yoga, l'énergétique, le chamanisme, le tantra, la PNL. J'ai investi sur moi, j'ai fait beaucoup de stages, je me suis formée avec une soif inexpliquée de découvrir et d'ouvrir chaque jour de nouvelles portes.

Et puis un jour, j'ai pris une décision magique qui fût initiatique : celle de prendre mon sac à dos et de partir marcher seule sur le chemin de Compostelle. Le 1er été où je me suis retrouvée toute seule, sans job et sans enfants, je me suis dit : et si j'allais marcher ? Cela me fera certainement du bien... Je suis donc partie du Puy en Velay jusqu'à Rocamadour pour 15 jours de marche. Cela trottait dans ma tête depuis quelque temps : mes parents m'avaient parlé de Compostelle puisqu'ils l'avaient fait au moment de leur retraite et je sentais bien que cela m'appelait, sans trop savoir pourquoi mais avec une profonde envie de vivre cette aventure !

Je ne m'attendais pas du tout à ce que j'allais vivre. Mon intention au départ était de faire une coupure et de prendre du temps rien que pour moi.

J'ai toujours aimé marcher, j'ai beaucoup randonné en famille, mais là, j'ai reçu comme un appel : faire mon sac, partir avec l'essentiel, savourer cette expérience. Cela a été au-delà de toutes mes espérances : je me suis rendu compte que je pouvais être hyper heureuse juste avec l'essentiel, un petit sac à dos, ma maison sur le dos pendant quinze jours à juste m'émerveiller de la nature, m'émerveiller de chaque pas, m'émerveiller de ce que mon corps était capable de faire. J'ai vraiment vécu une très grande reconnexion à mon corps qui au départ m'a fait beaucoup souffrir avec les ampoules : comme beaucoup de novices sur le chemin de Compostelle, je suis partie bille en tête à faire 25 à 27 km les trois 1ers jours...

Les ampoules m'ont demandé de ralentir, j'ai compris que je ne pouvais plus être au rythme où j'étais depuis des années. J'ai même fini par marcher avec mes tongs tellement j'avais mal aux pieds, mon corps s'est mis à me parler et surtout, je me suis mise à l'écouter... Ce parcours a été le début d'une grande histoire : je suis retournée marcher de nombreuses fois toute seule, j'ai emmené mes trois enfants, cela a été exceptionnel et magique de partager ces moments simples et plein d'humanité en famille. La connexion à la nature a été très forte pour moi, j'ai vécu des moments de grâce et de plénitude, j'ai fait face à mes peurs, notamment celle de marcher seule en forêt, j'ai découvert la puissance transformationnelle de la marche qui permet de se mettre en marche dans son corps et dans sa tête, d'expérimenter la puissance de l'instant présent, où, à un moment donné, le mental se tait et laisse la place juste au vivant en soi.

Et la marche ne m'a plus quittée... Pourquoi je marche depuis ce moment ?

« Je marche pour me faire du bien, me remplir d'énergie, ouvrir de nouveaux espaces de créativité, faire le vide, me ressourcer, me connecter aux éléments, vivre au rythme du soleil et de la nature, savourer le silence, faire du bien à mon corps qui se sent plus fort pas après pas, aller dans l'inconnu et me laisser surprendre, m'ouvrir à la providence et à la magie de la vie, me mettre à l'écoute de la vie et de ce qui se passe à l'intérieur, casser les habitudes et la routine, me sentir libre et pleinement vivante, vivre à mon propre rythme, m'émerveiller à chaque pas, construire la confiance et l'estime de moi, déployer et ressentir la gratitude, laisser descendre les intuitions, avoir le plaisir de me baigner dans l'eau vivante, de humer la forêt, de marcher pieds nus, d'ouvrir mon cœur à la beauté du monde et de l'humanité.

Je marche pour me sentir légère et transmuter tout ce qui est lourd, pour partir à la découverte du monde et à l'aventure, partager des moments simples et authentiques, vivre avec simplicité et avec peu, redécouvrir le bonheur de l'instant présent, laisser tous mes sens en action et savourer, développer ma force, mon courage, ma résilience, apprendre à tout accueillir, le temps, la chaleur, le froid, les montées, les descentes, tous les types de terrains, et grandir mon adaptabilité.

Je marche pour découvrir de nouvelles terres, villages, cultures, pour ralentir quand tout à l'extérieur est vitesse, pour rencontrer, partager, chanter, semer la joie, me challenger, agrandir ma zone de confort, apprendre à me connaître et passer du temps avec moi m'aime, maintenir mon corps en énergie et en bonne santé, ne pas me perdre dans le business et les détails du quotidien, me sentir en mouvement et en vie, prendre le temps de me poser en nature, élever ma vibration, remonter en énergie... et aussi et surtout...

parce que cela me rend profondément heureuse et vivante. »

Remplie de toutes ces nouvelles expériences, c'est devenu pour moi comme une évidence de partager toutes les pépites que j'avais découvertes sur mon chemin de résilience. Et donc, après une grande pause de deux ans, j'ai saisi l'opportunité de lancer mon activité d'accompagnement, de changer radicalement de voie, de vie, de faire de nouveaux choix, me permettant de respecter mon rythme, d'avoir plus de liberté, de dessiner et de vivre la vie qui me ressemble.

J'ai lancé Graine de Joie en 2017, tambour battant, à fond, un peu en mode bulldozer, avec mon énergie yang, mon enthousiasme, ma fougue, comme ce que j'ai toujours fait ! Je me suis formée au coaching, je me suis mise aussi à accompagner des groupes dans des voyages de transformation sur Compostelle et bien d'autres destinations nature où le trek était toujours de la partie ! J'ai appris des nouvelles stratégies, découvert le monde de l'entreprenariat, inconnu jusqu'alors. J'ai exploré avec beaucoup de curiosité, tout était nouveau pour moi : le marketing sur internet, les réseaux sociaux, apprendre à me mettre sur le devant de la scène. Je m'y suis mise par la force des choses avec une soif de découverte impressionnante ! Je me suis rendu compte que l'entrepreneuriat me correspondait parfaitement.

Cette situation de crise qui apparemment aurait pu être dramatique m'a ouvert de nouvelles portes, m'a mise en chemin vers une nouvelle vie. Si tout cela n'était pas arrivé, je n'en serais pas là aujourd'hui dans ma vie, je me suis comme littéralement réveillée. Je remercie finalement la vie de m'avoir secouée pour me montrer qu'il y avait une autre manière d'être en vie, j'ai vraiment découvert ce que veut dire le mot vivant : vivre dans l'instant présent le plus possible et le moins possible dans ma tête, dans mon mental, me sentir pleinement présente dans mon corps, dans mes ressentis et guidée par mon cœur.

Ce cheminement m'a également permis de me reconnecter à mon féminin : j'ai toujours été extérieurement très féminine mais avec une énergie masculine forte dans ma manière d'être, de passer à l'action, de mener des projets, d'être focus sur un objectif à atteindre, de manager des équipes. J'avais certainement besoin d'être reconnue, performante, irréprochable, appréciée pour mes compétences et mes valeurs : j'ai toujours travaillé dans un milieu d'hommes, c'est un peu comme si j'avais besoin de me faire une place.

Et puis un jour, j'ai eu un signe très fort de la vie : au cours d'un stage de développement personnel, on nous préparait à casser une planche à mains nues. J'ai réussi à casser la planche mais je me suis cassé le poignet droit ! Le message était clair pour moi : il était important que je sois plus à l'écoute de mon être, pas juste dans mon mental à faire faire, faire, mais être plus connectée à mes intuitions, arrêter d'être dans le forcing, la lutte, le vouloir, les objectifs et passer à l'action depuis cette intuition. Progressivement, j'ai appris à mettre mon mental au service de mon cœur, de mon âme et pas l'inverse. Cela a été pour moi un changement radical par rapport à mon mode de fonctionnement habituel. J'ai pris le temps de ralentir, d'écouter, écouter ce qui me met en joie.

Je me suis reconnectée à une joie profonde, comme une source intarissable qui jaillit de l'intérieur. Une joie qui n'a pas de sujet : être en joie quoi qu'il arrive en accueillant les hauts et les bas, les moments de tristesse qui vont avec aussi. J'ai appris à danser avec ces deux polarités pour mieux danser avec la vie et c'est devenu ma marque de fabrique, ma vibration, mon don s'est révélé : une vibration de joie naturelle, que j'offre sans compter, à laquelle les êtres que je rencontre ou que j'accompagne viennent se connecter. Joie aussi de me sentir vivante, incarnée, pleinement dans mon corps et mes sensations alors qu'il y a 10 ans je ne ressentais rien dans mon corps, j'en étais complètement déconnectée. Je suis tombée en amour avec mon corps qui est devenu mon bien le plus précieux, ma boussole intérieure et me permet d'expérimenter tellement de choses merveilleuses ! Je sens aujourd'hui cette énergie de vie vibrante qui me traverse : un cadeau qui n'a pas de prix et me donne envie de jouir le plus possible de ce corps incarné.

Ma perception de la Vie a complètement changé : je considère que tout ce que je vis est juste et me permet de grandir. Je suis là sur terre pour vivre des expériences qui sont là pour être traversées quoi qu"il arrive. Je n'ai pas à avoir de jugement là-dessus, juste à accueillir... et ce n'est pas toujours facile pour la petite humaine que je suis ! Il est vital de se rappeler jour après jour que tout est impermanence, tout évolue : la vie est mouvement par essence. La vie est devenue pour moi comme un terrain de jeu : je joue avec la vie, il n'y a pas à se prendre au sérieux, il n'y a plus d'enjeu.

J'ai compris que j'étais créatrice de ma vie, que tous les drames ou situations difficiles étaient là pour me réveiller, comme un appel de mon âme à me réinventer, à revenir à mon essence en permanence. Je me sens profondément reliée au sacré : être en vie, c'est marcher en conscience sur la Terre, cette terre d'accueil qui est sacrée, c'est honorer mon corps et les relations qui sont sacrées. Je ne suis pas un être humain qui vient vivre une expérience spirituelle ici-bas, je suis un être spirituel qui vient vivre une expérience humaine avec toute la complexité émotionnelle que cela comporte. Je suis un être divin incarné, je suis là pour réaliser de grandes choses et pas juste rester petite dans ma boîte étriquée. J'ai un potentiel énorme, des dons et des talents à offrir au monde. Je suis moi-même un miracle de la vie. Alors qu'est-ce que je fais de ce miracle ? Est-ce que je veux bien l'honorer, le célébrer et vivre en conscience de cela, chaque jour, chaque minute, chaque seconde. Comment je peux mettre tout mon être au service de la vie, du vivant, et de l'amour ?

Si c'était à refaire, je repasserai à travers toutes ces épreuves, car c'est tellement beau ce que je vis aujourd'hui, cela n'a plus rien à voir avec ma vie d'avant qui était tellement superficielle, où je n'avais pas de temps pour moi, je courais après le temps, un planning souvent surchargé comme beaucoup de gens sur cette planète, n'ayant pas l'opportunité de savourer pleinement la vie. Comme s'il était important de me sentir occupée pour avoir l'impression d'exister. À l'heure où j'écris ces lignes, le temps est devenu un luxe. J'ai le luxe d'avoir du temps, de me choisir, de me mettre à la première place de ma vie afin de remplir ma fontaine de jouvence puis de la laisser déborder à l'extérieur. Arrêter les « je dois, il faut », oser dire non pour me dire oui, et enfin me respecter. J'ai trouvé de la joie intérieure, de la profondeur, de la connexion avec les gens. Oui, j'ai le pouvoir de changer les choses et le cours de ma vie.

Un des grands challenges de notre temps est certainement de passer du mental au corps et à l'espace du cœur. Tant que nous restons dans l'espace du mental, nous sommes dans le contrôle, on ne peut pas accueillir la magie de la vie. Ce qui est vraiment merveilleux aujourd'hui, c'est de me laisser guider par mes intuitions, de passer à l'action depuis ces intuitions en faisant face à mes peurs, de précieuses alliées pour me montrer que je suis sur le bon chemin ! Je passe peut-être moins à l'action, mais c'est plus ciblé, efficace et léger : c'est tellement plus juste intérieurement et cela m'amène toujours au bon endroit. Une grande confiance et une foi inébranlable s'installent en moi : je me sens en permanence soutenue. La vie est là pour moi, j'ai juste besoin de m'abandonner à cette évidence, à ce chemin que me propose la vie. C'est me dire un grand Oui à chaque instant, c'est m'aimer profondément quoi qu'il arrive.

Nous sommes créateurs de notre vie et malgré tout j'ai la sensation qu'un certain nombre de choses sont déjà écrites. Si je ne suis pas sur le chemin de mon âme, la vie va me ramener sur ma trajectoire et je vais peut-être devoir traverser des épreuves plus ou moins grandes... Quelle attitude vais-je avoir par rapport aux épreuves de la vie ? C'est cela aussi la résilience : la vie est faite de hauts et de bas, quelle attitude j'ai face à tout cela ? Est-ce que je me positionne en victime ou au contraire je prends 100% de la responsabilité de ce qui m'arrive me donnant l'opportunité de grandir et de ne pas reproduire les mêmes schémas ? Je me rends compte à quel point c'est important de suivre mon cœur et le flow de la Vie sans forcer car la Vie pourvoit à tout, je suis choyée en permanence, à l'image de ce qui se passe dans la Nature.

Et puis, il y a 3 ans, j'ai investi avec un ami dans un lieu, l'Oasis Graine de joie, dans le Lot : c'est mon cœur qui m'a amené là, pas mon mental. Suite au confinement j'ai ressenti l'élan de déménager, d'acheter une nouvelle maison encore plus proche de la nature, pourquoi pas un terrain pour m'y installer avec d'autres êtres et construire une communauté d'entrepreneurs de cœur... Je cherchais dans le sud-est de la France où j'ai toujours habité mais toutes les portes étaient fermées, je ne trouvais pas. En écoutant la Vie, les signes, il y a eu un jour une ouverture : nous avons reçu un appel pour visiter un terrain de camping dans le Lot, cela a vibré, nous sommes passés à l'action en allant visiter ce terrain et d'autres opportunités se sont ouvertes ! C'est grâce à ce premier pas et en passant à l'action en suivant mon cœur que la situation s'est ouverte. La vie nous fait faire parfois des détours : si j'écoute uniquement mon mental et non mon cœur, je ne vais pas recevoir les cadeaux. Je mesure maintenant l'importance de prendre le temps, de ralentir, d'écouter les signes, d'écouter mon corps, ma joie.

Quand j'ai dit oui à ce projet d'Oasis, je n'imaginais pas ce qui est en train de se dessiner aujourd'hui et qui s'annonce de plus en plus grand. J'avais demandé un petit chalet bois sur un terrain : un gros chalet bois s'est présenté avec un projet d'accueil, de Maison d'Entrepreneur de Cœur, en plus d'accueillir des pèlerins du chemin de Compostelle. Quand on a dit oui à ce projet avec mon associé Armel, tout dans le mental nous disait non ! La question s'est alors posée : est-ce que je saute ou pas dans l'inconnu ? Est-ce que j'ai confiance dans mon intuition, mes ressentis et le processus à l'œuvre ?

J'ai pris la décision de répondre aux appels de mon cœur et je sais, j'ai expérimenté, que je reçois systématiquement des cadeaux à profusion. Mon âme me guide exactement à l'endroit où j'ai besoin d'être avec les personnes avec qui j'ai besoin de cheminer, c'est juste magique. Quand je veux bien m'abandonner à cela, je dis merci à la vie tous les jours. Plus j'ai de la gratitude, plus la vie m'envoie de raisons d'avoir de la gratitude et là, cela devient un cercle vertueux, une spirale positive, un vortex créatif ! Pour moi, c'est ça la vie, le vivant. Est-ce que je veux bien m'abandonner à cette puissance de vie qui est là, cette puissance d'amour qui va m'amener à un endroit qui est bien plus grand que ce que mon mental aurait pu imaginer ?

Le van que j'ai acheté en 2020 c'est exactement pareil : je cherchais un petit van pour m'évader et me sentir libre de voyager, de travailler depuis n'importe quel endroit, proche de la nature : c'est un van grand format qui est arrivé !!! Rires… Est-ce que je dis oui, est-ce que je dis non ? La vie me laisse toujours le choix. J'ai dit OUI et je me rends compte après coup au combien c'était juste !

Et puis la Vie a décidé de continuer à me mettre sur le chemin de mon génie et de mon évidence…

L'année 2023 a été pour moi un chemin initiatique par rapport à l'argent, la sécurité, la foi, l'abandon total à la vie. J'ai hésité à le partager par peur du jugement et du regard des autres certainement et pourtant l'intuition me pousse à écrire et à partager cette expérience en toute vulnérabilité.

Une activité de coaching qui décline depuis plusieurs mois, de moins en moins de clients, sans vraiment savoir pourquoi. De la frustration qui grandit avec tous ces cadeaux que j'ai en moi et que je ne peux pas offrir au monde. Je ne reste pourtant pas les 2 pieds dans le même sabot, comme on dit, je continue de lancer des propositions d'accompagnement, des voyages dans la droite ligne de ce que je propose depuis 5 ans : rien, nada ou enfin presque rien en retour. Je suis interloquée, je commence à douter de moi, de ce que j'apporte et financièrement c'est la dégringolade.

Programmes sur l'abondance, la manifestation, reprogrammation du subconscient, observer mes pensées, les changer... bref, je me démène et pourtant rien n'y fait. Quand la vie a décidé de me faire vivre ce chaos pour mieux me ramener vers mon évidence, je n'ai pas d'autre choix que de traverser et de m'abandonner. J'apprends à traverser les turbulences, à continuer de vivre, d'honorer la vie et de m'émerveiller, à ne pas me laisser happer, ne pas sombrer. Tout me ramène à mon corps, à l'instant présent : profiter et savourer chaque instant. Ne pas me laisser submerger par la peur du manque quand mes comptes frisent le zéro : garder le sourire, pas un sourire forcé mais le sourire qui a foi en la Vie.

Il y a encore un an en arrière, j'aurais littéralement paniqué dans cette situation et là, j'ai appris à me détacher émotionnellement de l'argent et c'est pour moi un immense pas en avant, une véritable initiation de la Vie, une libération j'ose dire : il y en a, je suis heureuse, il n'y en a pas, je suis heureuse aussi. Mon bonheur ne dépend pas de ce qu'il y a sur mon compte en banque. J'ai appris à prendre du recul, à m'abandonner, en me disant que cette situation avait elle aussi sa raison d'être : me faire traverser une de mes plus grandes peurs, celle du manque, celle de ne plus avoir d'argent, et de ne plus me sentir exister (moi qui me suis sentie et qui ai toujours été dans l'abondance, sans me poser aucune question !). J'ai appris à faire face à la honte, au regard de mes enfants, de mes parents, à connecter avec l'humilité. J'ai appris à oser demander de l'aide à l'Univers, à l'invisible, aux personnes de confiance qui m'entourent, à recevoir des cadeaux, des invitations à des stages où j'ai connecté avec des personnes merveilleuses, à arrêter de vouloir me débrouiller toute seule, à me laisser choyer par la Vie, par les hommes aussi, en mettant mon mental et mon ego de côté.

Traverser ces peurs avec la plus grande sérénité possible, ne pas écouter les histoires de mon mental, y croire et continuer à vivre, intensément. Je n'ai jamais passé des mois, et un été aussi intense, proche de la nature sans pourtant me restreindre par rapport à mes désirs. Pour toutes les dépenses que j'enclenchais parce que cela vibrait au fond de moi, l'argent arrivait ensuite sur mon compte : sauter, faire le 1er pas et l'Univers répond ! Écouter tous les élans qui vibrent et suivre ma joie, rester ancrée, les pieds dans la terre à respirer la Vie, à m'émerveiller de la beauté du monde, des rencontres et des moments magiques.

Qu'est-ce que cela a changé ? Aujourd'hui, je n'ai plus peur, plus peur de tomber, je n'ai plus honte. Je ne suis pas définie par mon compte en banque. Je sais que la Vie me soutient à chaque instant. Je m'abandonne car la Vie a un plan pour moi bien plus grand que ce que je ne peux imaginer. À moi de traverser la Vie et le chaos, le sourire aux lèvres et dans la paix car le meilleur reste à venir : ma sécurité est à l'intérieur de moi et ne dépend en aucun cas de l'extérieur. En écrivant ces mots je prends conscience du cadeau que la Vie me fait en me faisant traverser ce chemin.

Tout cela pour arriver fin septembre à un nouvel effondrement : compte Facebook piraté, plus d'accès à ma page personnelle et professionnelle (14000 personnes en cumul qui me suivent...) et mon site internet disparaît de la circulation. À nouveau tout ce que j'avais construit depuis 6 ans s'effondre, me laissant dans un vide intersidéral. J'accueille le vide, le néant, l'inconfort, je pleure toutes les larmes de mon corps mais je continue de marcher (quand tout cela arrive je marche sur le chemin de Saint Jacques de Compostelle en direction de Lourdes : quelle bénédiction, quelle orchestration du divin !) Un passage, une initiation pour mieux me réinventer, me laisser insuffler une nouvelle énergie et l'évidence qui descend petit à petit sous forme d'intuitions.

Je reviens à mon être, mon corps, ma joie. Comme si cela me demandait de retrouver mon baromètre intérieur. Est-ce que je ne me suis pas perdue à nouveau sur le chemin ? Où est ma joie ? Suis-je rentrée à nouveau dans un certain confort et de nouvelles habitudes... ? Ce vide m'ouvre les yeux sur ce que je veux profondément au fond de moi, ce qui m'anime. Oui, en quelques années, j'ai beaucoup changé et évolué, mon énergie s'est transformée, mes élans et mes envies aussi : cet arrêt sur image me permet de prendre conscience de cela, de changer de direction pour me sentir encore plus en adéquation avec la nouvelle Virginie. Oser abandonner l'ancien, sauter dans l'inconnu avec confiance, toujours et encore.

Cette fois, la Vie m'invite à sortir de la posture de coach/mentor, à me mettre au service des hommes dirigeants/entrepreneurs en inventant une nouvelle posture celle de la meilleure amie, de la confidente, partenaire d'âme du dirigeant/CEO, à remettre l'Être et le Sacré au cœur de nos vies et de nos business, à créer des espaces sacrés de rencontre pour les dirigeants et entrepreneurs de cœur, à faire de l'Oasis Graine de Joie une Maison d'entrepreneurs, m'impliquer dans plusieurs réseaux de dirigeants et d'entrepreneurs et déployer un réseau local en Occitanie, tracer ma propre voie, ma propre route et sauter dans l'un-connu, oser incarner et mettre dans la matière ma grande vision.

Tout fait sens. Comme si tout ce que j'avais vécu avant m'avait préparé à vivre ce moment, cette nouvelle éclosion. Me réinventer pour être encore plus alignée avec mon âme, mes élans et mes désirs profonds, arrêter de rafistoler, de faire du neuf avec l'ancien, retrouver la flamme, le feu du désir intérieur, sentir ma joie qui pétille à l'idée d'ouvrir de nouvelles portes, initier et mettre en place de nouvelles voies hors des sentiers battus.

Quand j'ai dit à l'Univers « je suis prête » pour accomplir ma plus haute mission et être la plus grande contribution que je puisse être au monde, je ne savais pas que j'allais encore tomber pour faire face à mes plus grandes peurs, que le chemin allait me demander autant de puissance et d'alignement. Oser partager ce cheminement, c'est comme un accouchement, c'est offrir le cadeau de qui je suis au monde. Dans ces moments-là, mon corps est un précieux allié : je ressens à l'intérieur de moi si cela vibre ou pas, si mon cœur s'ouvre ou pas, me permettant de faire des choix plus justes et en conscience. Suivre ma joie à chaque instant, me réaligner, être en permanence à l'écoute du corps et de mes ressentis et ralentir encore pour écouter plus finement... car tout part de l'intérieur et cela demande de revenir à soi encore et toujours. Ne pas se laisser happer par tout ce qui brille à l'extérieur. Qu'est ce qui vibre vraiment pour moi ? Une question à se poser régulièrement pour réajuster en permanence ! Notre corps reçoit l'information, à travers des sensations, des ressentis puis le mental entre en action.

Début 2024, je ressens l'appel de mon âme à partir en Bretagne en van, je suis mon élan, sans rien prévoir et en me laissant porter au jour le jour. J'aurais pu dire non, il faut que je travaille, ce n'est pas le bon moment, rappelée par le mental qui trouve toujours pleins d'excuses pour nous empêcher de suivre nos élans car il nous protège de l'inconnu, du danger, tout simplement ! C'est justement au cours de ce voyage que de nouvelles compréhensions s'ouvrent, comme des évidences et tout devient plus clair, ma vision s'affine !

J'aspire à créer des rencontres de cœur à cœur, d'âmes à âmes entre les hommes et les femmes, à créer des espaces où ils puissent se rencontrer dans la profondeur et l'authenticité afin de marcher ensemble la main dans la main et permettre l'éclosion d'une nouvelle humanité réconciliée où chacun peut être soi-même, offrir ses dons et talents au monde, dans le respect de soi, de l'autre, de nos différences et complémentarités. Des espaces de vérité, où l'on vient goûter, expérimenter la profondeur du lien : plus de masque, juste oser se dévoiler, parler, écouter, accueillir toutes mes facettes et celles de l'autre et entrer dans la profondeur de l'échange.

J'ai évolué ces dernières années dans un milieu majoritairement féminin et accompagné principalement des femmes. J'aspire aujourd'hui à créer des espaces où les hommes trouvent leur place, se sentent accueillis afin de rassembler, ré-unir et ne plus séparer, recréer la magie entre le masculin et le féminin pour créer plus de paix, de joie et d'harmonie dans le monde. Réhabiliter le masculin, gardien du vivant, lui permettre de prendre sa place aux côtés du féminin : un masculin puissant qui ose briller, se positionner et œuvrer au service de l'amour. Permettre au féminin de prendre sa place dans la douceur et le respect et ainsi retrouver l'équilibre et l'alchimie des deux polarités en soi et à l'extérieur de soi.

J'aspire à œuvrer au service et aux côtés des hommes, à créer des espaces où ils se sentent en sécurité pour se déposer et laisser la place à leur sensibilité, leur cœur, leur énergie féminine trop longtemps bafouée, réprimée. Remettre l'amour, le cœur, le vivant au cœur de leur vie et de leur mission, initier de nouvelles voies.

Je mets mon énergie au service de ces rencontres, de ces espaces sacrés... rien à faire, juste à être et la magie opère : l'être et le vivant se déploient afin que chacun reprenne sa juste place. Je me sens comme une source de joie et d'harmonie entre les hommes et les femmes, une source jaillissante qui jamais ne tarit et offre son énergie au monde, rien besoin de faire, juste être et offrir ce cadeau précieux. Je reconnais enfin, j'honore et je laisse déborder cette énergie qui est la mienne, celle qui pétille et fait pétiller les cœurs, qui ouvre à la joie communicative, réveille la Vie et le Vivant en Soi. Je prends conscience que j'ai « juste » à provoquer des rencontres pour permettre aux êtres qui se sentiront appelés de goûter à cette énergie. La marche en nature, l'improvisation, la musique, le chant, la danse sont autant d'outils que j'utilise dans ces espaces pour débrancher le mental et reconnecter à sa Source.

Je me sens aujourd'hui loin du monde du coaching, de l'accompagnement, un peu comme une extraterrestre, une éveilleuse de conscience qui parle à l'âme des gens : j'ai juste envie de créer des moments de rencontre d'âmes à âmes en toute simplicité et laisser faire la vie et sa magie, des espaces où nous sommes tous dans un même cercle, au même niveau, en horizontalité où chacun est dans sa souveraineté, prend sa place et brille dans le cercle pour co-créer ensemble, mettre nos talents au service du monde, s'enrichir les uns les autres de nos différences.

Je n'ai plus envie de « vendre » une transformation, je n'arrive pas toujours à mettre des mots sur mes propositions car elles ne parlent pas au mental mais au cœur. Ce que je vibre, ce que je propose, ce sont des espaces où il n'y a pas de programme, justement pour faire l'expérience de se laisser porter par la vie. Tu viens car il y a un élan du cœur, pour vivre une expérience, pas pour nourrir encore le mental mais justement pour le lâcher et vivre l'expérience de lâcher le contrôle et d'ouvrir ton cœur. Oui cela peut faire peur et c'est ok, c'est justement à cet endroit que la vie nous attend… oser plonger dans l'inconnu, sans savoir, c'est là que l'on connecte au vivant et à la magie en soi !

Je me sens comme une extra-terrestre car la joie est mon moteur, je n'ai pas un agenda rempli, je prends le temps de vivre et d'écouter mes rythmes : plus d'injonctions, juste suivre le flow. J'assume chaque jour un peu plus cette part extraterrestre en moi en offrant au monde et mettant dans la matière tout ce qui me fait kiffer et sort (très souvent) du cadre, avançant en permanence dans l'inconnu, ouvrant la voie, comme poussée à offrir au monde de nouvelles propositions avant-gardistes.

Je me sens appelée à créer ces rencontres sacrées, des rendez-vous d'âmes pour les entrepreneurs de cœur, tous les êtres qui accompagnent, enseignent, œuvrent à l'éveil des consciences : créer des espaces où ils puissent prendre du recul, prendre du temps pour eux, comme une respiration, s'isoler du monde pour mieux construire le nouveau. Je ressens que tous ces êtres au service de l'humain, du changement de paradigme, au service de la Vie, du Vivant ont besoin de se ressourcer, de se recharger pour mieux repartir dans le monde.

Rien ne me prédestinait à créer ce que je suis en train de mettre dans la matière... et pourtant ! Comme je l'ai déjà évoqué plus haut, il y a 3 ans bientôt... j'ai été appelée à me mettre en marche avec l'envie de construire une communauté. Une 1ère étape a été franchie avec la création du lieu l'Oasis Graine de Joie avec mon associé : un appel de nos 2 âmes, appel incontrôlable, imprévisible et pourtant une évidence... Nous avons œuvré sur ce lieu depuis 2 ans 1/2 pour l'embellir, lui donner vie, organiser les 1ères rencontres, accueillir les pèlerins du chemin de Compostelle, explorer différents formats/thématiques et goûter aux prémices de quelque chose de plus grand... de bien plus grand qui est en train de se déployer dans la matière... je le sens, c'est là... Une nouvelle étape semble voir le jour... en écoutant la vie, tout est là, c'est le moment, le timing divin est à l'œuvre et il m'est demandé de passer à la vitesse supérieure. Et si cette communauté se construisait à la fois en virtuel et dans la matière ?

Je ressens l'élan de créer l'OASIS, la communauté des joyeux entrepreneurs, la 1ère communauté centrée sur l'être, qui met à ton service un espace collaboratif virtuel et un lieu pour se rencontrer en vrai : l'Oasis Graine de Joie dans le Lot. Un espace de rencontre virtuel et physique où la coanimation, la cocréation, le soutien et l'esprit collaboratif sont la nouvelle norme !

Tous dans le même cercle, tous dans notre unicité, liberté d'être et souveraineté. Pas de mentor, pas de coach, juste des entrepreneurs de tous horizons, juste le plaisir de la rencontre, de l'alchimie des âmes qui s'abandonnent au grand plan divin. C'est un espace pour être acteur dans le donner/recevoir. L'évidence du nouveau paradigme : recréer l'esprit d'une tribu, une famille d'âmes qui se rassemble, avec du fun, du plaisir, de la magie et des business qui partent du cœur !

Une oasis, c'est un peu comme un village qui s'organise autour d'une communauté : un lieu pour se ressourcer, se retrouver, se rencontrer, faire étape le long du voyage. Un espace, en réel et en virtuel, toujours accueillant, abondant où il fait bon se reposer avant de repartir vers de nouvelles contrées, de nouveaux horizons, un espace ouvert bien sûr à tous les entrepreneurs nomades qui désirent créer du lien et disposer d'un lieu ressource ! Dans cette oasis, on se retrouve régulièrement autour du feu pour partager, échanger, chanter, se soutenir, pour vivre des aventures ensemble dans un espace virtuel avec des rencontres hebdomadaires (espaces de parole, de méditation, de chants, de danse ...) et dans la vie réelle !

La rencontre est au cœur de l'Oasis :

- Rencontre de cœur à cœur

- Rencontre d'âmes à âmes

- Rencontre orchestrée par le divin

Une communauté avec des êtres avec qui tu es sur la même longueur d'onde, avec qui tu peux partager des moments simples, avoir des échanges en profondeur, sur tous les sujets de la vie, une communauté qui te soutient dans ton déploiement, où tu peux être toi-même avec toute ta folie, ta singularité, ton unicité. Une communauté qui va t'encourager, avec qui tu vas découvrir d'autres facettes de toi-même, une tribu avec qui il est bon de se retrouver, de partager des moments en nature, des retraites, des vacances, des moments où tu te ressources et où le business n'est pas la seule clé d'entrée mais où tu te lâches la grappe pour laisser la place à l'Être, au Vivant en toi. Une communauté avec qui tu peux faire des échanges de pratiques, avec qui tu peux rire, vibrer, danser, chanter, improviser, suivre tes élans créatifs, bref savourer la vie et exprimer pleinement qui tu es ! Juste parce que c'est bon et que cela pétille dans ton cœur.

Je crée des espaces de rencontre à l'Oasis, notre lieu d'accueil, et dans des voyages en nature, car cela reste mon fil rouge : c'est important pour moi de partager cette connexion à la nature, et mon expérience de la marche en itinérance pour mettre le mental de côté, se reconnecter à l'émerveillement, au vivant et laisser une forme de vide s'installer que l'univers puisse remplir avec de nouvelles inspirations. Est-ce que je veux bien lâcher et plonger vers l'inconnu ? Quand j'emmène les êtres dans des marches cela se fait tout seul. Il n'y a rien besoin de faire. L'itinérance, le voyage confronte à l'inconnu : je quitte mes repères, je fais l'expérience de m'adapter en permanence. Cela reconnecte au vivant qui est tout sauf prévisible, il est incontrôlable par essence. Quand on vient dans ces espaces-là, c'est qu'on se sent appelé par son âme : ce sont des espaces sacrés de pure présence, de pure joie, d'échanges et de partages authentiques.

L'intuition est descendue de créer le mouvement des MasterHeart, des cercles de parole mixtes, innovants, avant-gardistes pour les entrepreneurs et dirigeants où la porte d'entrée est l'Être et non le business : des espaces précieux et rares de ré-union hommes/femmes où tu peux t'exprimer sous toutes tes facettes, sans masque, sans tabous, des espaces de connexion authentique, de rencontre avec soi, avec l'autre pour tisser des liens d'une profonde humanité. Comment je remets le cœur, l'être et l'amour au sein de ma vie et quelles retombées cela va avoir sur mon business ? Piloter un business à partir de l'espace du cœur en acceptant toutes ses facettes, c'est entrer dans le nouveau paradigme.

Il m'est demandé également de créer dans la matière des espaces spécifiques pour les hommes dirigeants/entrepreneurs, où ils se sentent en sécurité pour se déposer, être pleinement eux-mêmes dans toutes leurs facettes et tout leur être, des espaces d'accueil et d'amour inconditionnel qui n'existent pas vraiment dans notre société, où n'importe quel sujet peut être abordé, de leur proposer des expériences où ils peuvent s'immerger dans le vivant, alors que tout dans notre société et le business semble sous contrôle, carré, prévisible.

Le changement fait partie intégrante du vivant. Il y a plusieurs façons de l'aborder : je m'adapte, je relève le défi avec mon énergie yang, masculine, c'est de cette manière que je me suis relevée il y a 10 ans, j'avais besoin de connecter à cette force et cette puissance intérieure. Mais c'est tellement plus fluide, joyeux, léger si je suis à l'écoute de la vie, de mes intuitions, de mon cœur en activant ainsi consciemment mon énergie yin féminine. Je peux ainsi retrouver un équilibre entre ces deux énergies masculines et féminines et déployer cette capacité à me réinventer, à rebondir en permanence, dans la fluidité : je ne suis pas obligé de me battre.

La résilience c'est réaliser que la vie ce n'est pas une lutte, un combat. Je peux poser mes valises, me reposer sur la vie en ayant foi et confiance que je suis toujours au bon endroit, même quand je traverse le chaos : il est toujours bénéfique et va m'ouvrir de nouvelles portes. Cela change toute la perception de la vie.

La résilience c'est incarner que l'effondrement n'est pas quelque chose de négatif, je peux rebondir sans arrêt : la vie nous demande de rebondir, de nous remettre en question, de nous adapter. Je sens d'ailleurs que cela va aller de plus en plus vite, que nous allons avoir besoin de changer, de nous adapter le plus rapidement possible, en permanence avec comme boussole notre corps et notre joie. Si je ne me sens plus alignée, je dois être capable de lâcher ce qui n'est plus aligné car autre chose m'attend, qui est bien plus grand, vous l'avez compris !

Qui Suis-Je ?

Ingénieur Agro de formation, Virginie a travaillé 18 ans en tant que salariée dans le monde de l'entreprise sur des postes à responsabilité dans le domaine du marketing et du vin. Trois électrochocs ont bouleversé sa vie en 2013/2014 : son mari la quitte, sa maison brûle et elle se fait licencier…

Des évènements qui l'obligent à se remettre en question, à reprendre le contrôle et la responsabilité de sa vie, à se reconnecter à elle-même, à ce qu'il y a de plus profond en elle, à sa joie intérieure. Comprendre, accepter, transmuter, transformer les épreuves pour en sortir grandie.

Fondatrice de Graine de joie et co-gérante de l'Oasis Graine de joie, un lieu d'accueil, de partage, de rencontre, de co-création, de souveraineté, de reconnexion à la joie, pour les entrepreneurs de cœur, dans le Lot, en pleine nature, sur le chemin de Compostelle. Femme initiatrice, elle est au service des hommes dirigeants/entrepreneurs, pionniers et visionnaires, qui désirent se connecter à la puissance de leur cœur et vivre des relations vraies et authentiques.

Elle œuvre à la réunion du féminin et du masculin en créant des espaces de rencontre, de reliance, de ressourcement pour les entrepreneurs spirituels au sein de la communauté l'Oasis et dans des marches/voyages d'exception en nature.

Son âme la guide à créer ces espaces, où nous sommes tous dans un cercle, au même niveau, chacun à sa place, dans sa souveraineté et dans le déploiement de nos dons et de nos arts sacrés

Fondatrice du Tour du Monde de la Joie et initiatrice des marches de la joie, Virginie est une Magicienne de l'Être et du Vivant, elle est née pour semer la joie dans les cœurs.

Amoureuse et exploratrice de la Vie, sa devise est : jeu, joie, jouissance !

En-Joy the world !

Sa vibration te reconnecte à l'enfant divin, libre et joyeux en toi.

Virginie est également auteure de 2 livres (Souris à la vie et la vie te sourira / 365 inspirations quotidiennes pour cultiver son féminin sacré - commande en direct par mail et par Messenger), conférencière, musicienne.

Liens pour la joindre :

Facebook
https://www.facebook.com/virginie.grainedejoie.5

Instagram
www.instagram.com/graine_de_joie

Linkedin
http://linkedin.com/in/virginie-bertrand-12275183

Chaine Youtube où vous pourrez retrouver entre autres ces 108 interviews Parcours d'Hommes
https://youtube.com/@virginiebertrandgrainedejo2815

NATACHA DELLARD

Une quête de sens pour enfin libérer son potentiel

Quel est ton chemin de résilience ?

Avant toute chose, je voudrais partager ce que j'entends par la « résilience » car c'est par rapport à cette représentation que j'ai eu envie d'écrire. Pour moi l'adage d'Antoine Lavoisier « rien ne se perd, rien ne se crée, tout se transforme » en est le plus fidèle reflet.

Peux-tu nous partager ton parcours pour en arriver là ?

Quel voyage extraordinaire m'a guidée jusqu'à cet équilibre idéal où ma passion embrasse pleinement ma profession ? Mon histoire est celle d'une quête de sens, ponctuée de résilience et d'épiphanies, un périple à travers les années à la recherche d'une paix et d'une harmonie profondes. Chacun des pas que j'ai franchis, entre défis et éclaircissements, a forgé en moi la certitude qu'il est possible de marier passion et profession, tout en échappant aux griffes du stress et de la fatigue. Durant ces 24 ans de dévouement, j'ai investi une énergie incommensurable pour mener à bien des projets ambitieux, ouvrir des chemins là où il semblait n'y en avoir aucun, et inspirer ceux qui m'entourent à se joindre à cette aventure. J'ai tenté, échoué, me suis relevée, j'ai appris de mes erreurs, embrassé diverses perspectives, pris des risques, persisté et adapté mes approches, jusqu'à atteindre une libération de mon potentiel, aussi majestueuse qu'un papillon s'envolant de sa chrysalide. C'est cette métamorphose personnelle que je désire partager avec vous.

Tout a commencé cet après-midi ensoleillé de septembre 1998, dans l'enceinte vibrante d'un gymnase, alors que je m'élançais dans un cours de volley-ball dans le cadre de mes études en sciences et techniques des activités physiques et sportives. Mon monde s'est figé dans un saut, une suspension dans le temps où j'ai cru m'endormir entre ciel et terre. En reprenant mes esprits, le sol dur sous moi et la douleur lancinante dans mon genou gauche ont brisé l'illusion d'un simple rêve. Mes premiers mots, dans un murmure d'espoir, furent pour le point que je ne verrais jamais marqué.

La réalité m'a rattrapée aux urgences, un monde de blanc et de froideur où un diagnostic erroné a précédé l'effondrement de mes ambitions sportives. Ce soir-là, seule face à mon désarroi, me voilà submergée par un abattement laissant place à des pleurs et au doute : « que vais-je faire ? la voie professionnelle dans le sport que j'envisage s'arrête là ». J'essaie d'oublier. L'instant d'un soir et d'une nuit, j'étais complètement démoralisée. Mais dans cette nuit de désespoir, une lueur d'espoir a surgi, incarnée par des âmes bienveillantes : un médecin sportif de la famille. Il pose un diagnostic rapide : rupture des ligaments croisés antérieurs. Un chirurgien innovant, le père d'une amie, m'intègre dans un protocole de recherche visant à refibroser les ligaments sans opération. Pour la première fois de ma vie, je vis au rythme du processus de reconstruction du corps sans avoir de contrôle sur le résultat.

Ce moment de détresse s'est mué en une révélation, un chemin inattendu vers la guérison qui révélait les capacités miraculeuses de mon propre corps. La douleur et la peur ont cédé la place à une détermination renouvelée, me propulsant à nouveau vers les sommets de l'accomplissement sportif en seulement 90 jours. Cette épreuve, loin de m'anéantir, a ouvert mon cœur et mon esprit aux possibilités infinies de transformation et de guérison. Aujourd'hui je peux dire que cet épisode a laissé une empreinte me guidant doucement vers la création d'un programme destiné à éveiller le même feu sacré chez d'autres. Bien évidemment, à cette époque, je n'en avais aucune conscience.

S'en est suivi décembre 2012 qui restera gravé dans ma mémoire comme un tournant décisif, une période où chaque jour semblait s'étirer indéfiniment sous le poids d'une fatigue abyssale. Jamais auparavant je n'avais envisagé de m'arrêter, de prendre un congé maladie. Pourtant, cette semaine-là, j'ai dû céder. Enseignante passionnée, engagée dans une multitude de projets éducatifs, toujours à l'avant-garde, j'avais l'habitude de relever chaque défi avec une énergie débordante. Mais là, tout bascula.

Ce mal de mer constant, les allers-retours entre vomissements et tentatives désespérées de repos, marquèrent le début d'une lutte intérieure sans nom. Contre quoi, contre qui je luttais, je ne le savais pas. Était-ce contre moi-même, mon corps, mon esprit, mes choix de vie, ma carrière ? Tout se brouillait. Et puis vint cette nuit du 11 décembre, où, dépourvue de toute force, je suppliais mon compagnon d'appeler les urgences. Je ressentais au plus profond de moi que l'attente du lever du jour était inconcevable.

Le trajet vers l'hôpital me parut interminable, mais une fois prise en charge, une sensation de soulagement m'envahit. Pour la première fois, je faisais l'expérience du lâcher-prise, sans savoir encore quelles en seraient les conséquences. C'était ma première expérience du lâcher-prise, sans anticiper les répercussions à venir. Les examens ont révélé une thrombophlébite cérébrale, un diagnostic aussi inattendu qu'inconnu pour moi, habituée à associer les phlébites uniquement aux jambes.

Face à ma perplexité et à ma seule association des phlébites avec les collants de contention, j'ai lancé, mi-sérieuse, mi-amusée : "Je vais devoir porter des bas sur la tête ?" La réaction des médecins ne s'est pas fait attendre : "Au moins, vous n'avez pas perdu votre sens de l'humour". Ce moment a été une révélation. J'ai compris que l'humour était une affaire de perspective et que, parfois, notre ignorance peut se transformer en source d'humour involontaire. Ce jour-là, j'ai réalisé que même dans les circonstances les plus sombres, une touche d'humour peut alléger le cœur et l'esprit, transformant l'ignorance en une légèreté salvatrice.

Les deux semaines à l'hôpital, où je dormais dix-huit heures sur vingt-quatre, m'ont confrontée à l'épuisement total, un état que je n'aurais jamais imaginé atteindre. Depuis l'enfance, j'avais toujours été celle qui débordait d'énergie, capable de soulever des montagnes, d'entraîner derrière moi ceux qui n'osaient pas, de concevoir et réaliser des projets innovants avec une facilité déconcertante. Ma vie était une suite de défis relevés, souvent en contradiction avec les attentes ou les conseils d'autrui. Que ce soit dans le choix de mes études ou de ma carrière, j'avais toujours opté pour le chemin le moins attendu, le plus challengeant.

Mais cette période de convalescence forcée m'a offert une perspective nouvelle sur ma vie, sur mes choix. Cette épreuve a été le catalyseur d'une profonde introspection. J'ai pris conscience que ma quête incessante de défis, mon engagement sans faille dans mon travail, n'étaient en réalité qu'une fuite en avant, une manière d'éviter de faire face à mes propres besoins et désirs.

Le diagnostic sans explication claire pour mon accident cérébral a été une énigme qui m'a poussée à explorer de nouvelles voies, à me questionner sur le sens véritable de ma vocation.

A cette époque, cela fait huit ans que je m'adonne pleinement à ma vocation au sein de l'Education Nationale : accompagner les enfants à s'épanouir et s'émanciper d'un environnement coercitif. Pour autant, au fil de ces premières années d'enseignement, je suis partagée entre le plaisir et l'excitation de faire vivre des expériences aux élèves qui les sortent de leur quotidien et la sensation de « gaver des canards » avec la transmission de connaissances qui n'avaient pas de sens pour eux. Une totale contradiction avec ma vocation puisque j'étais alors l'applicateur et le garant d'un cadre coercitif excessif que je nommais « programmes » et « système éducatif ». En réalité, c'était mon propre cadre que j'imposais à tout le monde, obligeant les autres à sortir de leur zone de confort pendant que je renforçais la mienne : une vraie tour de contrôle !

Et c'est une première thèse que je mène en parallèle qui me met en lumière ma propre contradiction. Celle-ci évoque comment, l'environnement, sous prétexte de moraliser les enfants, conditionne ces derniers et les adultes responsables, voire les sclérose. Je n'avais pas pris conscience que j'étais en train d'effectuer ce que je dénonçais dans ma thèse. J'ai alors réalisé que, dans ma ferveur à éduquer et à innover, j'avais perdu de vue l'essence même de mon engagement : accompagner chaque enfant dans son épanouissement personnel, au-delà des cadres rigides des programmes éducatifs.

Cette remise en question m'a conduite sur le chemin de la neuro posturologie, m'ouvrant les yeux sur l'incroyable capacité de résilience et de restructuration de notre cerveau. J'ai découvert la puissance de l'instant présent, appris à prendre soin de moi, à écouter mon corps et mes besoins profonds.

Loin de la salle de classe, j'ai entamé un voyage intérieur à la découverte de moi-même, de ma véritable vocation. Cette épreuve m'a enseigné la valeur de la résilience, la beauté de se reconstruire après avoir frôlé l'effondrement. Aujourd'hui, je regarde cette période de ma vie non pas comme un obstacle, mais comme une précieuse leçon de vie, un cadeau qui m'a permis de me redécouvrir et de redéfinir mon chemin.

La reprise de ma thèse a été un moment décisif, illuminant la valeur unique de ma réflexion. Longtemps étiquetée d'"'originale", "atypique", voire "en marge" pour ma manière singulière de penser et d'engager le dialogue, le 18 décembre 2018 a marqué la consécration de mon parcours académique. Ce jour-là, l'Education Nationale et la Recherche m'ont octroyé le titre de Docteur en Sciences de l'Education, une reconnaissance solennelle de ma liberté de penser. Alors que je partageais mon savoir à l'université, cette réussite aurait dû m'emplir de joie. Pourtant, j'étais loin de ressentir le bonheur attendu ; je traversais une période sombre, marquée par le harcèlement, transformant chaque journée en un combat pour ma santé mentale et physique.

C'est dans cette épreuve que j'ai commencé à déchiffrer les messages de mon corps, à écouter les murmures de mon intuition. Mes expériences passées m'avaient appris le prix de la suractivité, me menant à l'exploration des profondeurs de mon potentiel à travers les neurosciences. J'ai alors pris conscience du gouffre entre la reconnaissance institutionnelle et la richesse intérieure de mon être. J'ai découvert les limites que j'avais inconsciemment acceptées, les croyances et comportements automatiques qui m'entravaient, ainsi que les mécanismes de survie enracinés depuis l'enfance, prêts à se déclencher pour protéger mon intégrité.

Cette prise de conscience a été une révélation, m'incitant à opérer un changement radical dans ma carrière. J'ai exploré de nouvelles approches pédagogiques, centrées sur les émotions et la préparation mentale. En 2021, j'ai embrassé une nouvelle voie en tant que thérapeute, aidant les individus à se libérer de leurs douleurs chroniques. Ce parcours m'a confrontée à la complexité des relations émotionnelles : le déni, la submersion, ou la tentative de contrôle. Les personnes que j'ai rencontrées, miroirs de ma propre quête, ont enrichi mon voyage vers la compréhension émotionnelle.

Consciente du fossé entre la valorisation institutionnelle de mon travail et l'authenticité de ma sensibilité, j'ai ressenti une frustration profonde. Cette dualité entre le rôle d'éducatrice et celui de thérapeute m'a poussée à chercher un lien, une cohérence, sans jamais me sentir pleinement à ma place. Cette quête d'harmonie m'a révélé que ma collecte de savoirs était en fait un frein à mon épanouissement, qui se trouve dans le développement de mon intelligence émotionnelle.

La remarque d'un ami a été le déclic : « je n'ai jamais vu quelqu'un d'aussi brillante intellectuellement et aussi bête émotionnellement ! ». Cette phrase a résonné en moi, écho d'une vérité difficile à admettre. J'ai alors entamé la transformation de mon esprit, guidé par un cœur vibrant d'émotions, inspirant ma créativité et ma sensibilité. Ce voyage intérieur m'a libéré des chaînes de l'ego avec toutes ses déclinaisons, me révélant un chemin vers la sérénité et la paix intérieure.

Finalement, aujourd'hui j'ai conscience que le mode de fonctionnement basé sur le défi que j'avais entrepris depuis petite n'a fait que construire et grandir un ego limitant, gardien de ma zone de confort que j'ai faite évoluer avec lui. Même s'il a été utile à des périodes de ma vie, il ne pouvait pas me priver de cet accès à la sérénité et à la paix intérieure que je découvre depuis peu. C'est d'ailleurs en identifiant les contours et les déclinaisons de cet ego limitant que j'ai pu me débarrasser de son diktat qui m'imposait la perfection, la force, la rapidité, la réussite, la suractivité. Cette dernière année a été celle de la libération.

En acceptant et en intégrant mes émotions, j'ai développé une empathie et une bienveillance profondes, influençant positivement ma pratique professionnelle. L'alignement entre ma passion et ma profession s'est enfin réalisé, m'ouvrant les portes d'une pédagogie empreinte de santé et de conscience. Aujourd'hui, je n'enseigne plus : je donne l'envie d'apprendre que ce soit en situation éducative ou thérapeutique. La clé ? Une conscience émotionnelle, essentielle pour harmoniser passion et profession, et pour s'engager pleinement dans la vie.

Ce parcours de 24 années de persévérance fait d'ailleurs l'objet d'un programme, conçu avec amour et dédié aux femmes cherchant à sortir d'une impasse pédagogique ou thérapeutique grâce à la libération de leur potentiel sans stress ni épuisement. Ce voyage de six mois est une invitation à explorer ensemble ce chemin de transformation.

Quel est ton accompagnement aujourd'hui ?

Mon accompagnement est conçu comme un périple transformationnel destiné aux femmes qui, animées par des aspirations profondes personnelles ou professionnelles, se sentent piégées dans une impasse, se heurtant à des limites non franchies de leur potentiel. L'essence de cette aventure de six mois, baptisée

Rével'action, réside dans l'harmonisation de sa valeur intérieure alimentée par la passion avec la valeur perçue gage de son professionnalisme, dissolvant ainsi le stress et la fatigue. À travers une symbiose délicate de thérapies manuelles énergétiques et de neuro-coaching, cette approche vise à dissiper les entraves émotionnelles ancrées tant dans le corps que dans l'esprit. La démarche facilite une libération simultanée des obstacles somato-émotionnels et psycho-émotionnels, illuminant et valorisant ainsi la richesse intrinsèque de chaque individu, et révélant un potentiel sans bornes.

Cette transformation peut être comparée à l'image poétique d'une montagne se mirant dans l'eau calme d'un lac. Tout comme cette montagne, dont la grandeur et la splendeur se trouvent magnifiées par son reflet, permettant d'apprécier pleinement la majestuosité du paysage dans son intégralité, mon accompagnement cherche à révéler la pleine mesure de votre valeur. Contempler uniquement le reflet ou la montagne isolément ne saurait rendre justice à la beauté et à la grandeur de l'ensemble. De même, mon accompagnement se distingue par sa capacité à refléter la véritable essence de chaque personne, soulignant la valeur incommensurable qui sommeille en son cœur. C'est cette approche holistique qui confère à mon travail sa spécificité, mettant en lumière et célébrant la richesse unique enfouie au plus profond de chacun.

L'accompagnement se déploie en quatre phases stratégiques :

1. Désamorcer les réflexes de survie grâce à une approche neurologique pour révéler l'espace dédié à sa croissance personnelle.

2. Explorer les ressources enfouies dans cet espace dédié à son développement personnel pour prendre conscience de la richesse et de la profondeur de son être grâce à une approche comportementale.

3. Faire fonctionner ces nouvelles ressources pour aligner ses comportements et sa mentalité sur cette nouvelle estime de soi grâce à une approche neuro-comportementale.

4. Harmoniser ses actions et ses pensées grâce à une approche neuro-comportementale afin d'aller de l'avant vers un épanouissement harmonieux et aligné.

Durant ces six mois de transformation, je m'engage à vous soutenir avec empathie, écoute active et sans jugement. Chaque question est une pierre précieuse sur le chemin de la découverte, signifiant son importance dans votre parcours.
L'approche est hautement personnalisée pour répondre à vos besoins uniques, comprenant :

- Un bilan initial pour personnaliser l'expérience,
- Des sessions de coaching individuelles régulières (hebdomadaires le premier mois, puis bi-mensuelles) totalisant 14 sessions enrichissantes,
- Un suivi personnalisé avec des soins énergétiques adaptés,
- Des exercices quotidiens conçus pour s'intégrer naturellement à votre routine,
- Un accès progressif à des ressources vidéo et audio pour soutenir votre voyage,
- Un kit de bien-être envoyé chez vous pour favoriser un espace de détente optimal,
- Une ligne directe via WhatsApp pour les questions, partages et soutien émotionnel à tout moment.

Ensemble, nous tissons le tissu de votre transformation, en vous guidant vers une harmonie entre votre passion et votre profession, où chaque étape est une célébration de votre progression vers la pleine réalisation de votre potentiel.

Qui accompagnes-tu ?

Je m'adresse aux femmes ambitieuses, âgées de 35 à 55 ans, qui ressentent au fond d'elles une frustration due à un potentiel inexploité. Ces femmes sont des leaders dans leur domaine, qu'elles soient enseignantes animées par la transmission du savoir, directrices de ressources humaines désireuses d'harmoniser humanité et entreprise, thérapeutes en quête de guérison holistique, ou encore chefs d'entreprise visionnaires. Chacune porte en elle un projet de vie, personnel ou professionnel, aspirant à une résonance profonde avec ses passions.

Elles aspirent à un équilibre, à une paix intérieure où passion et profession coexistent sans friction, sans épuisement ni stress. Elles souhaitent mettre fin à la domination d'un esprit surmené ou d'un corps souffrant, signes d'un déséquilibre profond. Leur objectif est de voir cesser ces manifestations physiques et mentales pour embrasser pleinement leur potentiel.

Mon propre chemin de résilience, jalonné de défis, d'obstacles mais aussi de moments de grâce et de libération, m'offre une compréhension intime des parcours de transformation. Grâce à mon expérience, enrichie par une perspective scientifique, je décode les mécanismes derrière chaque étape de l'accompagnement que je propose. Grâce à mes compétences dans la transmission, je rends accessible la compréhension du process à chaque personne accompagnée. En intégrant la dimension de la santé dans l'éducation, je valorise chaque phase du développement personnel, sans jugement. La fusion de mes compétences en thérapie manuelle et neuro-coaching permet d'identifier et de libérer les émotions emprisonnées, offrant un espace sécurisant, exempt de toute culpabilité.

Contrairement aux démarches traditionnelles, qui se concentrent sur un seul aspect du bien-être (les réactions adaptatives) mon programme Rével'action est une synergie des dimensions psychologique, physique, émotionnelle et énergétique. Ayant moi-même vécu et intégré chaque phase de cet accompagnement, ma passion pour la recherche me permet d'explorer et de comprendre les fondements de l'évolution personnelle. Ma capacité à rendre l'invisible tangible transforme la complexité en clarté. Mon parcours éclectique, alliant recherche, éducation, thérapie et coaching de pointe, forge un profil atypique et une capacité à concevoir des parcours personnalisés.

Qui Suis-Je ?

Mon voyage académique a débuté dans l'univers riche et dynamique des sciences et techniques des activités physiques et sportives (STAPS), s'étendant jusqu'aux profondeurs théoriques des sciences de l'éducation, où j'ai poussé ma quête de savoir jusqu'à la réalisation d'une thèse. Cependant, ma soif de connaissance et mon désir de croissance personnelle m'ont incitée à tracer un chemin moins conventionnel, un parcours que j'ai soigneusement tissé, répondant à l'appel de mes aspirations profondes et de mes besoins tant physiques que mentaux. Ma quête m'a conduite à explorer des domaines aussi variés que la diététique, la kinésiologie, l'ostéothérapie tissulaire réflexe, les méthodes Knap et Dorn, le massage thaï (Chi Nei Tsang), la programmation neuro-linguistique, la neuro posturologie, la programmation neuro-cognitive, le neuro-coaching et la biophotonique.

Cette exploration multidisciplinaire m'a ouvert les portes du labyrinthe complexe des processus neuroémotionnels, ces architectes invisibles qui façonnent nos comportements, nos réactions mentales et notre quotidien. Je me suis érigée en architecte de la conscience, fervente exploratrice des neurosciences, armée d'un éventail de techniques en thérapie manuelle et en neuro-coaching.

Ma mission est claire : je m'engage à guider celles qui, se sentant piégées dans une impasse, aspirent à faire resplendir leur essence profonde, à se libérer des douleurs persistantes qui les freinent. Dans l'ombre de leur souffrance, beaucoup de femmes se trouvent démunies, cherchant désespérément une sortie. Mon rôle est de leur montrer le chemin vers une transformation profonde.

Je vous invite à entreprendre un périple de transformation, un voyage d'auto-affirmation où la quête de reconnaissance extérieure se métamorphose en une célébration authentique de votre véritable nature. C'est un chemin où chaque pas vous rapproche de la découverte et de l'épanouissement de votre essence.

Pour celles et ceux qui sont prêts à plonger dans cette quête d'équilibre et d'harmonie, à redécouvrir et à célébrer leur valeur authentique, je propose une ressource précieuse. Elle est conçue pour vous aider à reconnaître et à mesurer le fossé entre votre état actuel et la pleine reconnaissance de votre propre valeur. Ensemble, nous traverserons ce pont vers une vie plus épanouissante et harmonieuse.

Trop souvent, nous cherchons hors de nous-mêmes, dans nos actions et réalisations, une validation de notre valeur personnelle, sans vraiment connaître cette richesse intérieure qui est la nôtre. Imaginez plutôt notre corps non pas comme un rempart nous isolant du monde, mais comme l'une des innombrables facettes d'un diamant. Chaque aspect de notre être, y compris notre enveloppe physique, devrait servir à refléter et à révéler la lumière unique et éblouissante qui réside en chacun de nous. Partez à la quête de votre lumière intérieure en faisant votre premier pas : la conscience de votre quotient émotionnel initial que je vous offre ici https://urlz.fr/qfhG

Découvrez mon univers sur mon site : **https://www.natachamieuxetre.com**,

Votre point de départ vers une vie réalignée, où passion et profession dansent en harmonie.

Rejoignez-moi dans cette aventure de transformation, où ensemble, nous redécouvrirons et valoriserons votre essence véritable, alignant vos rêves avec votre réalité intérieure.

Plus j'ai confiance en moi, plus j'ai confiance en la vie

Est-ce que tu veux bien partager ton parcours de résilience ?

On dit souvent que les éveils « spirituels » ont souvent lieu à la suite d'un évènement marquant de sa vie. Pour moi, ce premier appel a eu lieu un peu avant mes vingt-sept ans, fin 2008, lorsque mon oncle est décédé. C'était le premier décès auquel j'ai eu à faire face. C'est à ce moment-là que j'ai fait une première prise de conscience, celle que les êtres qui nous sont chers ne sont pas éternels. Bien que je ne le voyais pas tous les jours, mon oncle, c'était mon socle. Même quand je n'étais pas physiquement à ses côtés, je sentais sa présence enveloppante. Il représentait cet homme protecteur, fort, qui montrait le chemin. A l'époque, je ne me pensais pas assez solide pour être mon propre pilier et, avec le recul que j'ai aujourd'hui, je peux dire que c'était le cas, puisque je ne me croyais pas assez forte, pas assez bien. J'étais le genre de jeune femme qui était incapable de dire quelles étaient ses qualités. Par contre, crois-moi Isabelle, que mes défauts, je savais bien les pointer du doigt.

Résilientes

C'est en 2009 que j'ai entamé une première thérapie, auprès d'une femme d'une grande sagesse. Elle a été la première à me montrer que c'était possible de faire autrement. Ensemble, nous sommes parties à la découverte de mon histoire pour que je commence à marcher sur le chemin de mon évolution. Cette première expérience m'a permis de mettre en lumière ma relation aux hommes afin de transformer un modèle qui m'avais été transmis par les femmes de ma famille. Celui de la femme qui porte, en son sein, une colère silencieuse et ravageuse contre l'Homme, contre la gente masculine. Le message que j'avais retenu étant enfant, c'était que les hommes seraient une entrave à mon épanouissement personnel et qu'il valait mieux que je ne compte pas trop dessus.

Tu penses bien Isabelle, que j'attirais des hommes qui me faisaient douter de mes capacités, tout le contraire de ce que je voulais. Je me suis investie dans cette thérapie et j'ai fait les exercices proposés. Cela m'a permis, en l'espace de quelques mois, de déjà voir une énorme différence, non seulement dans mon état d'esprit, mais aussi au niveau de mon énergie et de ma forme physique. Peu de temps après, je rencontrais l'homme qui allait devenir mon époux et pour lequel je pris la décision audacieuse de quitter la Suisse pour les Pays-Bas. J'ai alors appris à parler le néerlandais, ce qui m'a permis de trouver un emploi là-bas. Ensemble, mon mari et moi, nous avons acheté une maison et fondé une famille. Nous avons accueilli, avec une joie énorme, notre première fille en 2012 et la seconde, fin 2013.

Parce que je voulais les faire bénéficier d'une éducation ouverte et saine, j'ai commencé à m'intéresser à des moyens de les guider d'une façon plus consciente... Est-ce que tu me croiras Isabelle, si je te dis que la Pleine Conscience en faisait partie ? Sans le savoir, j'étais déjà en train de me connecter à ce qui, plus tard, deviendrait une pratique quotidienne dans la reconnexion à qui je suis.

Début 2014, parce que mon époux en eut l'opportunité et parce que ce fût une décision commune, nous nous sommes expatriés à Taïwan. Au cours de cette période j'ai appris que, peu importe la langue du pays où je vivais, j'avais cette capacité à connecter avec les autres. Deux années s'écoulèrent. Deux années qui, je l'avoue, n'ont pas toujours été faciles. A l'époque, je le sentais, je n'étais pas totalement heureuse parce qu'il me manquait quelque chose, mais je ne savais pas encore quoi. Et comme je ne savais pas de quoi il s'agissait, je mis cela sur le compte de l'ennui. Dans un premier temps, parce que je ne travaillais pas et ensuite, parce que je pensais que le rôle de mère au foyer ne me correspondait pas. Début 2016, nous rentrions aux Pays-Bas. Je mettais de grands espoirs sur notre retour, parce qu'il me permettait d'être à nouveau proche de ma famille, de mes amis, de retrouver notre maison... Les quelques premiers mois, j'étais heureuse et pleine de projets, comme celui de me reconvertir et de devenir coach de vie, désir auquel je n'ai pas répondu à ce moment, parce que je ne me sentais pas assez solide pour accompagner les autres à avancer sur la voie du développement personnel. Et j'ai commencé à m'ennuyer à nouveau...

Je te fais une parenthèse ici Isabelle, sur ce fonctionnement que j'ai eu pendant des années. J'ai longtemps mis cela sur le compte du bore-out, l'épuisement professionnel par l'ennui, qui provoquait un sentiment de lassitude dans ma vie et qui m'apportait frustration, tristesse et des doutes sur moi. Au moment où je la sentais se présenter à nouveau, cette impression de monotonie, j'enclenchais machinalement une stratégie de fuite qui prenait des formes diverses et variées, comme celle de déménagements multiples, de changement d'emploi ou encore la recherche de moyens de me reconvertir professionnellement, dans des métiers divers et variés comme libraire, éducatrice spécialisée, diplomate ou encore détective privée. Cela me permettait de me concentrer sur autre chose et de retrouver la joie et l'excitation perdues. Ce vent de renouveau avait l'effet d'allumer ma flamme intérieure et de me laisser respirer pendant quelques mois... jusqu'à ce que cette mélancolie se représente. Ce n'est que des années plus tard que j'ai compris que c'est parce que j'attendais que l'extérieur, que toutes ces situations, me sauvent de moi-même que je retombais à chaque fois dedans. C'est lorsque j'ai pris contact avec mes ressources personnelles que j'ai pu, petit à petit, mettre fin à ce schéma répétitif.

Revenons-en à mon récit. Début 2018, notre plus jeune fille eut l'âge d'entrer à la maternelle et je pris la décision de retrouver un emploi et c'est ainsi que j'ai travaillé jusqu'à fin 2020. En septembre de cette année, un évènement majeur, l'accident cardio-vasculaire de ma mère qui lui fit frôler la mort, m'a amenée à faire une deuxième prise de conscience. Celle que la vie ne tient parfois qu'à un fil et qu'il devenait urgent que je reprenne ma vie, ma santé en main, pour ne pas me retrouver dans une situation pareille plus tard. C'est alors que, ressentant le fort besoin de me recentrer et de prendre soin de moi, je repris les pratiques de méditation que j'avais mises de côté pendant plusieurs mois. Non seulement ces séances me permettaient de me sentir plus zen, elles me donnaient aussi la possibilité de retrouver le sommeil réparateur qu'il me manquait pour recharger mes batteries. Finalement, en novembre de la même année, c'est ma grand-mère qui décédait des suites de la Covid. C'est cet épisode-là qui m'a fait me poser ces questions très sérieuses « Es-tu vraiment heureuse dans la vie ? » et « Vas-tu enfin t'autoriser à faire ce que tu veux vraiment faire de ta vie ? ». L'appel d'accompagner l'autre se présente une nouvelle fois et cette fois, je décide d'y répondre.

De quelle manière as-tu décidé de le faire ?

De manière assez intuitive je me suis connectée à l'Univers, au Grand Tout et j'ai demandé à rencontrer les bonnes personnes. Celles qui pourraient m'amener où j'étais destinée à aller. C'est là que, par « hasard, » j'ai trouvé des méditations dédiées au Féminin Sacré. J'étais très curieuse de savoir ce que c'était, parce que je n'avais jamais entendu parler de ça. De fil en aiguille, de plus en plus intéressée à me former, je trouve une formation d'accompagnante en Féminin Sacré, au cours de laquelle j'apprends à vivre avec beaucoup plus de conscience et à me reconnecter à ma nature cyclique et féminine. Pour être honnête Isabelle, dans un premier temps, cela m'a demandé de mettre les aprioris que j'avais sur les femmes de côté. Ce que je craignais, c'était de trouver cette sorte de rivalité entre femmes et de me retrouver avec des pleurnicheuses qui ne feraient que de se comparer entre elles. L'expérience m'a prouvé que j'avais tort et que les rencontres auxquelles j'ai pu participer laissaient vraiment place à l'ouverture, la bienveillance et le soutien entre femmes.

Puis, j'ai continué de me former pour, cette fois-ci, apprendre à avoir une posture d'accompagnante et de coach, parce qu'il était hors de question que je fasse partie de la bande des coachs auto-proclamés. Au passage, j'ai appris à me re-connaître, à m'auto-observer, à créer des relations plus authentiques avec les autres et à me re-connecter à mes ressentis physiques. C'est au cours de cette formation-là que j'ai compris ce qu'était la résilience, parce que je commençais à l'incarner dans ma vie de tous les jours. Ce processus m'a demandé un engagement de tous les instants. Au quotidien, je me suis entraînée à garder l'endurance qui m'a permis de rester engagée dans mon travail d'introspection. Ainsi, j'ai appris à m'observer, à définir mes besoins, à comprendre où se trouvaient mes limites pour ensuite, les poser de manière saine. Petit à petit, j'ai pris ma place en assumant qui je suis, j'ai osé sortir de ma zone de confort et j'ai goûté à mon autonomie, à la gratification de mener des actions pour moi, en prenant conscience que j'étais le seul Capitaine à mener la barque de ma propre vie.

Peux-tu me dire ce que cette résilience t'a permis de transformer dans ton quotidien ?

Au tout début de mon parcours je n'étais pas du tout consciente de la valeur de ce mot. Intellectuellement parlant, j'en connaissais la définition, mais je n'avais pas vécu et intégré cette capacité de résilience. Enfin, c'est ce que je croyais. A cette époque, je pensais que c'était un truc hors de ma portée, un état auquel je n'accèderai jamais. Puis, un jour, juste après une séance de Yin Yoga et alors que j'étais déjà bien engagée dans mon parcours d'évolution personnelle, j'ai eu un déclic, une illumination. Mais qu'est-ce que le Yin Yoga vient faire là ? Et bien, en le pratiquant, j'ai appris à toucher aux limites de mon corps, sans forcer et à rester présente, même dans les moments d'inconfort physique, en acceptant le fait que, à cet instant précis, ma limite était atteinte et que c'est en m'entraînant que je réussirai, petit à petit et avec douceur, à repousser ces limites. Eurêka, cette faculté de résilience, j'avais réussi à la développer. A vrai dire, je l'avais déjà en moi depuis des années. Sauf qu'à force de banaliser mon vécu et mon histoire, j'avais complètement oublié le fait que ça faisait partie de moi.

Dans mon quotidien, la résilience me permet de transformer la manière dont je me perçois. Je me reconnais cette capacité en regardant tout le chemin que j'ai arpenté et en me souvenant de ce que j'ai accompli. Quand tu as gravi une montagne et que tu te retournes en étant carrément surprise de la distance que tu as déjà couverte. Et ça te fait sentir énormément de fierté pour toi-même. Pour te donner un exemple concret, je vais te partager une situation où il m'a vraiment fallu faire preuve de résilience.

C'était lors d'une de mes dernières formations. Il nous était demandé de rédiger un travail de réflexion hebdomadaire et de le remettre chaque semaine aux dates et heures définies. Cette semaine-là, j'étais super satisfaite de moi, parce qu'il ne me restait qu'un petit exercice à remplir. Chic, j'étais bien en avance sur le planning. Et là, je reçois une notification qui vient du groupe Facebook dont je faisais partie dans le cadre de cette formation. Je commence à lire le message. Au fur et à mesure que je prends connaissance de sa teneur, je sens mes oreilles bourdonner et une grosse vague de découragement me saisit... Les questions qui avaient été publiées et que j'avais téléchargées pour le travail que j'étais sur le point de rendre étaient celles de la semaine précédente... J'avais écrit cinq pages de texte en vain. Mon premier réflexe a été celui de vouloir me plaindre et de dire que nos formatrices avaient mal fait leur travail. Mais j'étais dans un processus où l'on apprenait à rester dans son leadership quoiqu'il arrive. La clé était de rester responsable dans toutes les situations... même celles qui sont le plus désagréable à vivre. Alors oui, j'ai pleuré et je me suis mise en colère. Seulement, je ne me suis pas laissée abattre et j'ai recommencé (en vérifiant deux fois plutôt qu'une que j'avais bien sélectionné le bon questionnaire). J'ai même réussi à remettre mon travail dans les temps. Dans cet exemple, ma résilience m'a apporté un immense sentiment de gratification, parce que j'avais repris mon pouvoir personnel face à cet évènement.

Pourquoi est-ce que c'est si important pour toi de faire preuve d'autant d'engagement envers toi-même ?

Parce que c'est ce qui vient m'apporter une forme de sécurité intérieure. Je m'explique. Auparavant, toutes les fois où je n'étais pas engagée envers moi-même, je créais inconsciemment un conflit intérieur entre deux parts de moi. Celle qui voulait avancer et celle qui s'abandonnait. Cela venait déstabiliser la confiance que je pouvais avoir en moi et me faire me sentir insécure. Ce que je n'avais pas encore compris, c'est qu'en agissant de la sorte, je me tirais une balle dans le pied en réactivant continuellement ma blessure d'abandon. Parce que, ce qu'il se produisait les fois où je n'étais pas totalement engagée envers moi-même, c'était que je m'abandonnais moi-même. Involontairement, je reproduisais ce que j'avais vécu en tant qu'enfant parce que je n'honorais pas cette partie de moi qui comptais sur ma capacité à rester près de moi, coûte que coûte.

A vrai dire, cet engagement envers moi-même, c'est un processus de réconciliation avec mon enfant intérieur. En étant une femme adulte aujourd'hui, j'incarne mon propre parent intérieur qui apporte la stabilité nécessaire à la petite Céline pour qu'elle se sente soutenue en toute circonstance. C'est pour cela que j'agis avec le plus de congruence possible et que j'avance, peu importe l'inconfort ressenti. Je me responsabilise en tant qu'adulte face à mon enfant intérieur et c'est ce qui m'apporte la sécurité intérieure qui m'a manqué durant toutes ces années.

Alors, ce n'est pas facile tous les jours, mais je sais que cette promesse me permet, dans un premier temps, de créer et de maintenir l'endurance nécessaire pour avancer vers mon accomplissement personnel. Et aussi, je veux montrer la voie aux autres femmes, pour qu'elles voient que c'est un chemin qu'elles peuvent emprunter et qu'elles sont peut-être déjà en train de le prendre.

Ça veut aussi dire que par rapport aux autres, et bien, on est obligé d'être à sa place. On ne peut pas laisser la place à quelqu'un d'autre. On ne peut pas s'effacer, parce qu'on s'engage à être présente à cent pour cent.

Oui, c'est vraiment cette notion de prendre sa place, comme tu dis. En revanche, c'est marrant, parce que je ne le vois pas comme une obligation de prendre sa place, mais comme une continuité de ma propre puissance.

Pourquoi est-ce que c'est important cette capacité de leadership ? Qu'est-ce que ça t'a apporté ?

Cette nouvelle posture m'a apporté beaucoup plus de sécurité intérieure. C'est tout ce qui fait que je suis en capacité d'être mon propre pilier. On en parlait au tout début où j'expliquais que, à un moment donné de ma vie, je n'avais pas encore développé cette force intérieure. Je comptais sur l'autre pour m'apporter cette sécurité intérieure. Aujourd'hui, je sais que je suis entourée et c'est super important parce que je me sens soutenue. Mais je sais aussi que j'ai développé des fondations sur lesquelles je peux me reposer. Je n'ai plus ce besoin viscéral d'avoir l'autre à mes côtés pour avancer ou pour faire des choix pour moi. Je sais que j'ai tout en moi pour avancer quoi qu'il arrive. Lorsque je laissais mon pouvoir à l'autre, je n'étais pas libre. Aujourd'hui, j'ai cette assise qui me permet de me détacher de l'autre, d'être autonome, d'être un individu à part entière.

C'est ça que ça permet cet engagement envers moi-même. Ça me donne la possibilité d'être totalement en sécurité avec moi-même pour m'assurer de ne pas vivre au crochet de l'autre. Je vis ma vie de femme adulte.

Quoi qu'il arrive, tu as ta propre force pour prendre les bonnes décisions et faire les bons choix.

Oui, c'est exactement cela. D'ailleurs, je fais une grande différence entre la stabilité et la sécurité intérieure. Dans ma perception des choses et grâce au chemin d'évolution que j'ai emprunté, une situation financière confortable, donc une forme de stabilité, n'est pas synonyme de sécurité intérieure. Je m'explique. Étant donné mon éducation et les conditionnements, je pensais être en sécurité. Parce que j'avais un toit au-dessus de la tête, que j'étais en couple avec un mari aimant, que j'avais des amis, une vie pépère. Avec le temps et de multiples introspections, ce que j'ai compris c'est que tout ça, dans mon langage personnel, s'apparente à de la stabilité, mais que cette stabilité n'est pas forcément un signe de sécurité intérieure. Pour moi, une situation stable veut dire qu'il y a de la régularité, mais ça ne veut pas forcément dire que tu es hyper épanouie et solide en ton for intérieur.

A mon sens, la sécurité intérieure est un fondement pour trouver cet épanouissement. C'est ce qui va aider, dans les relations, à prendre sa place pour soi et à assumer totalement qui on est, sans forcément être en train de se dire « Oh ça y est, si je dis ça, on va penser ça » ou de se sentir ridicule face à telle ou telle situation. Cette sécurité intérieure, c'est ce qui apporte cette fondation assez forte pour s'amener en relation, parce que je sais ce que je vaux et pour dire « Ok, bien que je te respecte, je ne partage pas ton point de vue. » et oser s'exprimer en toute responsabilité, par estime pour l'autre et pour soi-même aussi.

Cette sécurité intérieure, c'est aussi ce qui me permet de reconnaître ma vulnérabilité, les endroits où je me trompe et le fait que je ne sache pas tout (et que je ne peux pas tout savoir). Parce que je suis ok avec ça, parce que je n'ai pas honte de faire des erreurs. Ça me permet d'accéder à une forme d'humilité et ça, c'est primordial dans le chemin d'évolution personnel. Tout ça aussi, fait partie du chemin de résilience. Lorsque je fais preuve d'humilité, je suis capable de dire « OK, là, ce que je pensais, ce n'était pas tout à fait juste. ». Je vois qu'il y a d'autres choses que je peux alchimiser pour me les approprier. Et j'en ressors avec une conscience élargie.

Qu'est-ce que cet engagement envers toi-même a changé dans ta vie ?

Eh bien, ça m'a énormément amené au niveau de ma relation avec mes filles, de ma relation avec mon mari. Avant que je ne fasse ce travail d'introspection, j'entretenais la relation comme j'avais appris à le faire, c'est-à-dire en allant « sauver » les autres. J'étais pleine de bonnes intentions et je leur donnais des conseils, parce que je pensais que c'est ce qu'il fallait faire. Je ne me rendais pas du tout compte que c'était prendre le pouvoir sur l'autre.

Dans mon rôle de mère, le fait de trouver cette sécurité intérieure grâce à l'engagement envers moi-même m'a permis de poser des limites saines et de maintenir un cadre sain, sans flancher, où chacun peut prendre sa place tout en respectant les limites de l'autre. Au niveau parental, cette sécurité m'a permis de devenir une autorité bienveillante pour mes enfants. D'avoir cette oreille, cette écoute, parce qu'en étant en paix avec moi-même, je peux développer ma capacité à donner de l'attention à l'autre. Pour moi, redonner leur pouvoir personnel à mes filles, c'est, par exemple, les laisser préparer leur valise toute seule, même si elles sont tellement en joie de pouvoir la faire et qu'elles la préparent trois mois à l'avance. Ou encore, accepter lorsqu'elles proposent de m'aider à faire la cuisine. Même si je sais que, au début, ça prend du temps, ce qui est normal puisqu'elles apprennent, j'ai confiance en leur capacité à faire les choses. Je ne viens pas faire les choses à leur place en prenant le pouvoir sur ce qu'elles sont tout à fait capables de faire. Et je profite de leur engouement pour faire en sorte qu'elles participent aussi aux tâches ménagères. Ce qui m'évitera, plus tard, d'avoir à leur demander d'aider un peu. Pourquoi auraient-elles envie d'aider puisque j'aurai toujours laissé sous-entendre, en refusant leur aide, qu'elles n'étaient pas capables.

Et dans mon couple, ça m'a apporté plus d'autonomie et d'oser plus faire des choix pour moi. Avant, j'avais tendance à tout le temps demander son avis à mon mari pour tout et rien. J'étais en totale perte de pouvoir, même dans les gestes les plus simples. Ce dont je me suis rendue compte dans mon chemin d'évolution, c'est que le fait de m'auto-valider, c'était bien plus gratifiant. Je te donne un exemple concret Isabelle. Avant, si je devais écrire une lettre de candidature pour un poste, je la faisais lire à mon mari, pas pour qu'il corrige les coquilles, non. J'avais une telle méconnaissance de qui j'étais, que j'avais besoin qu'il valide que tout ce que j'écrivais sur moi, dans ma lettre, était correct. C'est au cours de mon cheminement personnel que j'ai vu à quel point j'étais dépendante de l'avis des autres.

A force de m'entraîner à faire les choses pour moi, j'ai, un jour, enfin réussi à envoyer une lettre de motivation sans même avoir besoin de l'avis de mon mari. ça m'a apporté une fierté immense, plus de confiance en moi, du lâcher-prise sur un besoin d'être parfaite et la certitude que j'étais capable de bien plus que ce que je pensais ne l'être.

Et puis j'avais aussi cette confiance que peu importe le résultat, j'étais assez solide pour me relever. Ça m'a permis aussi de me challenger, de sortir de ma zone de confort. Et cela s'est concrétisée par un voyage en van en famille. Devine qui conduisait le van ? C'était moi. Parce que j'avais décidé de tenter l'expérience et que je n'ai pas laissé mes peurs prendre le dessus. J'ai découvert que j'avais cette capacité de reprendre mon pouvoir personnel et de m'autonomiser. C'est vraiment ça que m'ont permis ma capacité de résilience (conscientisée), l'engagement envers moi-même et ma

sécurité intérieure. A m'émanciper par amour pour
moi.

À quoi ça ressemble quand on reprend son pouvoir ?

Ce que le fait de reprendre mon pouvoir personnel m'a
apporté, c'est celui de prendre des décisions même aux
endroits où je ne me voyais pas le faire toute seule.
Cela m'a amenée à me lancer pour me mettre en action
et à repérer les endroits où je me serais laissée
emporter par mes peurs. Ce qui me permet de dire
« c'est moi qui l'ai fait » et de booster mon estime
personnelle. L'impact que ces gestes, ces actions ont sur
moi, c'est que je m'aime toujours plus, parce que je ne
veux plus me laisser tomber, m'abandonner, puisque je
m'aime trop pour ça. Finalement, ça devient un cercle
vertueux où plus je fais les choses pour moi, avec et par
dignité pour moi, plus j'ai confiance en moi, plus je me
valorise, plus j'ose me mettre en action, plus je me
démontre que je suis capable de faire les choses, plus
j'ai confiance en moi... Et même si, de temps en temps,
il y a des moments plus difficiles, je sais que j'ai cette
solidité intérieure, que je peux compter sur moi pour
avancer. Plus j'ai confiance en moi, plus j'ai confiance en
la vie.

**C'est une belle aventure avec toi-même. Et comment
est-ce que ton mari a accueilli tout ce changement ?**

J'ai une chance énorme, parce que mon mari me soutient. Il a compris qu'il avait tout à y gagner à ce que je sois épanouie en investissant en moi. Grâce à son soutien constant, je fais ce chemin d'humilité. Au début de mon parcours de développement personnel, j'avais une peur qui était bien présente. C'est celle que mes prises de conscience m'amènent à voir que j'étais rendue à un « niveau » où il n'était pas. J'avais peur que cela débouche sur de la distance dans notre couple, voire, une séparation. L'histoire m'a fait me rendre compte qu'il était déjà bien plus loin que ce que je pensais. Qu'il avait déjà atteint le niveau de conscience et d'intelligence émotionnelle que j'acquérais au fur et à mesure de mes avancées. Et tout ça s'est fait dans l'amour et la douceur. Il est toujours là et ça, c'est une preuve magnifique d'adaptabilité et de résilience de chacun de nous. Là où je souhaite le remercier du fond du cœur, c'est qu'il a vu à quel point c'était important pour moi que je me mette en chemin.

Avec tout ce que je sais aujourd'hui, je vois à quel point ça a été important et ça l'est toujours d'ailleurs, d'investir en moi, de me donner cette chance de grandir, d'apprendre, de me connaître pour mieux me reconnaître. Reconnaître mes valeurs, mes forces, mes défis, mes besoins, mes limites. Tout ce qui fait que je suis qui je suis aujourd'hui. En tant que mère, je veux montrer à mes filles que c'est possible et que c'est sain de penser à soi. Parce que c'est lorsque l'on est bien avec soi-même que l'on peut donner aux autres. Pour qu'elles voient aussi que même en cas de coup dur, cette qualité d'engagement envers soi-même, c'est ce qui permet d'avancer dans la vie avec résilience vers sa réussite personnelle.

Quel est ton accompagnement ?

Aujourd'hui, j'accompagne les femmes à se remettre au centre de leur vie, en les amenant, grâce à des outils très simples, comme la Pleine Conscience, à reprendre du temps pour elles. A se re-découvrir par le jeu et à se reconnecter au plaisir de leurs ressentis physiques.

Je les invite dans un espace où elles peuvent se déposer en toute sécurité, où elles peuvent « déposer les armes » et se permettre leur vulnérabilité. Je les amène à ralentir pour faire les prises de conscience nécessaires à leur évolution et pour qu'elles reprennent contact avec leurs ressources intérieures.

Dans mes accompagnements, à l'aide d'outils simples et puissants, combinés à ces instants de pure présence à soi, je les amène à se réapproprier leur corps, en écoutant leur vrai rythme, au-delà de l'image présentée par la société qui est celle du corps parfait, éternellement jeune et tonique.

En proposant à mes clientes de se créer leur propre modèle de Féminité, je les amène à reprendre leur pouvoir personnel, à accepter leur corps comme il est, pour s'aimer de plus en plus chaque jour afin d'embrasser leur singularité. Je les invite à porter un regard bienveillant sur elles, à nuancer leur critique interne et à pardonner ce qui a besoin de l'être pour retrouver la paix intérieure.

Dans mon vocabulaire, féminité et sensualité sont des états d'Être. A mon sens, la sensualité, c'est la capacité à connecter à ses cinq sens et à les découvrir comme s'ils étaient un terrain de découverte de la féminité. Cette féminité qui est le reflet de l'épanouissement intérieur de chaque femme et qui lui permet d'être belle au-delà de l'apparence physique, de sorte que les accessoires qu'elle porte viennent juste sublimer ce qu'elle est déjà.

Les femmes que j'accompagne sont celles qui ont un rapport difficile avec leur corps. Celles qui ne savent pas vraiment comment être féminine, qui après les différentes phases de vie d'une femme, la maternité, la maladie, la ménopause, les opérations, ne reconnaissent plus leur corps. Celles que cette difficulté à avoir un contact sensoriel, sensuel avec leur corps, rend malheureuses. Celles qui sont beaucoup dans le faire et difficilement dans l'Être parce qu'elles ne prennent pas le temps pour elle parce qu'elles se font passer au second plan ou parce qu'elles n'ont pas le temps.

Ce que j'apporte à mes clientes, c'est un voyage de reconnexion à leur sensualité et à leur féminité. Par cette reconnexion à leur essence féminine, elles peuvent à nouveau se connecter à leur sexualité, à leur

pouvoir de création. A partir du moment où elles se re-
connectent à leur pouvoir de création, elles peuvent co-
créer leur vie, donner naissance à des projets fous,
prendre leur place en assumant totalement qui elles
sont.

Dans l'ensemble, dans leur vie, mes clientes sont
heureuses, mais elles sentent qu'il y a un vide, un bout
de leur vie qui leur manque et qui les fait se
questionner. Elles ne savent pas vraiment qui elles sont.
Elles sont éteintes et souhaitent retrouver leur feu
intérieur. Ce dont elles ne se rendent pas compte, c'est
qu'elles essaient de forcer et elles ne sont pas à l'écoute
de leur rythme et de leurs besoins. Ce qui a l'effet
inverse de ce qu'elles voudraient, c'est-à-dire plus de
confiance en elle, être épanouie, oser à nouveau
montrer leur désir à leur partenaire de vie intime, se
sentir à nouveau bien dans leur peau, apprendre à se
parler avec bienveillance, prendre soin d'elles
autrement, ne plus avoir honte de leur sexualité.

Le fait de mieux se connaître, de reprendre confiance en
soi va les amener à contacter la paix intérieure, un
sentiment de complétude, d'être entière. Cet état
d'Être-là leur permet d'être sereine, même dans les
phases de doute, parce qu'elles savent qu'elles sont
capables de tellement plus. Et puis, elles assument leur
rythme, celui qui leur convient totalement pour ne plus
s'épuiser à la tâche. Elles s'assument vraiment.

Au-delà des qualités, comme l'écoute, la bienveillance, le non-jugement entre autres, qui me semblent essentielles pour accompagner des femmes sur leur chemin d'évolution, je propose une expérience de découverte de soi sous la forme de jeu. Parce que je suis convaincue que de pratiquer la Pleine Conscience, ça peut et même, ça devrait être fun, je me suis amusée à créer un Univers qui invite à l'exploration.

J'ai un côté très pragmatique aussi, j'aime parler de choses tangibles. Même si je suis très « connectée », je tiens à utiliser un langage simple et clair afin que les femmes qui n'évoluent pas forcément dans un milieu spirituel puissent comprendre de quoi je parle et s'identifier à mon discours. J'amène du concret et j'encourage vivement mes clientes à passer à l'action pour garder les pieds sur Terre.

Finalement, ce que mes clientes viennent chercher vers moi, c'est cette capacité que j'ai à ouvrir un espace sécuritaire, hors du temps. Je l'apparente aux refuges que chaque femme a créé lorsqu'elle était enfant et qui prenait des formes multiples et variées. Une cabane en couvertures, un repère au fond du jardin, une maison en carton ou tout simplement, sous le duvet avec la lampe de poche pour lire en cachette. A mon contact, les femmes que j'accompagne ralentissent le pas ce qui leur permet d'être plus à l'écoute d'elle-même.

Qui Suis-Je ?

J'ai hâte de te rencontrer !

Accompagnante et Éveilleuse du Féminin, c'est un honneur pour moi de tenir la lanterne sur le parcours de ton éveil. Au cours de nos rencontres, tu bénéficies de mon expérience et de ma solidité de femme dans un cadre bienveillant et sécurisant.

J'ai à cœur de t'offrir l'espace où tu pourras façonner ta vie et redéfinir qui tu es.

Avec clarté et intégrité, je démystifie tes propres fonctionnements et tes croyances limitantes. Je t'invite à retourner un regard pur et responsable sur toi afin que tu reprennes contact avec tes ressources intérieures. Cette confiance retrouvée, t'amène à assumer de plus en plus qui tu es vraiment !

Je crois en la force du courage et les services que j'offre te sont destinés si tu es prête à t'engager envers toi-même.

Mon Univers te parle ?

Retrouve-moi sur mon **site internet** www.celineguilland.com
Ou rejoins-moi sur **Facebook** en scannant ce code QR.

Pssst, j'ai un cadeau pour toi !

La playlist Esquisse que j'ai créée pour que tu te reconnectes à ton corps en dansant langoureusement ou en chantonnant où tu veux ! Enjoy !

Agnes Podsadny

Se défaire de ce qui n'est pas soi
Pour être ce qu'on était censé être au départ

Parlons un peu de ton parcours de résilience

Je peux résumer mon parcours de résilience en disant que j'ai intégré que ma sensibilité extrême et ma vulnérabilité sont aussi, et avant tout, une force et une puissance à mon service. Il m'a fallu comprendre, accepter et aimer mon passé pour enfin construire un présent radieux. Il m'a fallu le voir sous un angle différent et identifier les moments où, dans mon parcours de vie, je me suis laissée entraîner dans des impasses. Où j'ai permis à d'autres que moi de décider de qui j'étais. Fragilisée par les traumas de mon enfance et par ignorance, j'ai accepté d'endosser une image de moi qui ne me correspondait pas. Enveloppée de mes peurs, je me suis longtemps évertuée à coïncider au mieux avec cela.

C'est une situation de souffrance répandue, dont nul n'est responsable au départ. Chacun faisant de son mieux avec sa propre histoire de vie, dans l'ignorance de ses conditionnements et de ses limitations. Mais devenue adulte, j'ai senti que j'en suis responsable si je ne décide pas de rebattre mes cartes afin qu'elles soient enfin alignées avec ma véritable essence, quel que soit le temps que ça prenne. Afin que chaque matin la joie me soutienne dans la création d'une vie pleine de sens.

C'est pas à pas que je me suis affranchie des conditionnements inappropriés et des croyances limitantes qui me poussaient à me sur-adapter aux autres et aux situations en faisant taire mes envies et mes particularités. J'avais toutes les audaces en imagination et si peu que je concrétisais. J'ai quitté un profondsentiment de solitude quand j'ai compris que pour les personnes hautement sensibles comme moi, tout prend des proportions démesurées et que ceux qui ne sont pas concernés ne peuvent comprendre malgré leur bonne volonté. Dès lors, se comprendre soi-même, sans attendre d'être comprise, devint une priorité.

Être hypersensible, c'est avoir une sensibilité à fleur de peau. Avec des émotions qui débordent à la moindre occasion, font perdre pied, créent des blocages et aboutissent à une vraie difficulté à s'épanouir et exploiter ses capacités. Une atypie que j'ai très longtemps vécue comme un handicap insurmontable et honteux, tentant vainement de gérer l'ingérable.

Dès l'enfance, je vivais chaque évènement, chaque situation nouvelle, avec une telle intensité que tout le reste disparaissait dans l'instant magique de l'expérience, y compris les consignes parentales. Mes cinq sens exacerbés m'emportaient dans un tourbillon d'idées, de questionnements et d'énergie à dépenser. Le retour à la réalité était souvent déstabilisant. Cette soif de découvrir était perçue comme une insolence. Hormis à l'intérieur de ma fratrie, où je me sentais plus en sécurité, je semblais être une petite fille très sage et silencieuse. En réalité, j'étais éteinte.

Mon père, extrêmement autoritaire, et ma mère, très disciplinée et soucieuse de ne pas déranger, voulaient avoir beaucoup d'enfants. Ils en ont eu six qu'ils ont profondément aimés et souhaité voir heureux. Ayant vécu de grandes épreuves dans leur propre enfance, ils ont agi avec leurs codes, imprégnés de leurs peurs. N'ayant pas d'ambition particulière pour eux-mêmes, ils n'en ont pas nourri pour nous. En revanche, ils ne se sont opposés à aucun de nos projets et nous ont soutenu comme ils le pouvaient. Ils se sont même souvent sacrifiés pour nous. Seulement voilà ! Nous avons aussi hérité de leurs conditionnements, parmi lesquels celui impérieux de NE PAS SE FAIRE REMARQUER ! C'est dans ce contexte que j'ai développé mes plus violents blocages.

Plutôt meneuse dans ma fratrie, mon imagination fertile inventait des aventures. J'avais plein d'idées fantastiques pour s'amuser. Avec mon frère, d'un an et demi plus jeune que moi, nous faisions mille découvertes et mille expériences formidables. En cachette, avec la crainte d'être démasqués et la peur de la sanction. Mais... « Agnès entraîne les autres dans des bêtises » : Voilà ce que j'entendais dire de moi.

« Regarde-moi dans les yeux quand je te parle ! » ordonnait mon père d'un ton glaçant, tandis que dans mon corps, une contraction broyait mon cœur. Il nous transmettait à son insu toute la violence qu'il avait lui-même reçue. Alors quand je suis entrée à l'école à trois ans et demi, et selon les dires de ma mère, je faisais peur à l'institutrice en la regardant fixement avec de grands yeux, sans répondre à ses questions. Bien qu'extrêmement timide, au lieu de regarder le bout de mes chaussures, je fixais du regard. Ça devait être déroutant, en effet, mais pour moi, c'était une obéissance à l'injonction paternelle.

Une différence de perception qui brouille les pistes
Avant de te raconter les principaux évènements qui ont fait de moi une personne effacée, résignée, sans confiance ni audace, je veux parler d'une clé de compréhension qui fut pour moi une révélation.

Elle m'est arrivée quand j'ai découvert que chaque situation difficile était vécue par les protagonistes de façon extrêmement différente. Que les traumas qui pouvaient en résulter étaient eux aussi différents, parfois même à l'exact opposé. Que notre réalité n'appartient qu'à nous-même et que l'Autre, percevant une réalité toute différente de l'évènement, est rarement en mesure de nous comprendre. Qu'il faut une volonté affirmée ou une opportunité pour saisir son point de vue. Mais aussi qu'il est vain de chercher une culpabilité de ce qui résulte de l'expérience. Et que chacun, une fois devenu adulte, est responsable d'en faire, ou pas, ce qui est bon pour lui.

Voici le point de départ de ma réflexion : J'étais une petite fille très différente de sa sœur de quatorze mois son aînée. Celle-ci était sage, obéissante et de nature prudente. Quand on lui disait "Tu ne dois pas toucher à ceci" ou "Tu ne dois pas dépasser cette limite", ça fonctionnait. Elle avait compris la nécessité de respecter les consignes. D'un tempérament opposé, j'étais avide de découvertes, avec un besoin absolu d'explorer et d'expérimenter. J'ai vite été cataloguée "pas sage". Et donc, à surveiller !

Comme le font beaucoup de parents d'enfants en bas âge, ma mère a donc demandé à ma sœur ainée d'à peine trois ans de me surveiller. Sans que notre mère en soit consciente, elle a imposé à son aînée une responsabilité hors de proportion de ses capacités de jeune enfant. Ma sœur a souffert d'une charge trop lourde mais qu'elle ne pouvait en aucun cas abandonner, se devant d'être à la hauteur. Elle est par la force des choses devenue la "sachante" qui impose les limites qu'elle juge bonnes à la pauvre incompétente et stupide que j'étais à ses yeux. De mon côté, j'ai vécu cette pression d'être constamment contrôlée et limitée. Intégrant le message que ce que je fais de mon propre chef est MAL. Que je ne suis pas à la hauteur pour décider moi-même. Une confiance en moi fauchée à la base et des décennies pour la reconstruire pierre par pierre. Voilà comment une volonté de bien faire (celle de notre mère dans cet exemple) peut enfermer des personnes dans un mode de fonctionnement qui les blesse, sans que personne pourtant n'ait souhaité faire de mal. Une même situation génère des expériences de vie si différentes et modèle les parcours de vie.

Depuis, je m'efforce d'observer tout conflit sous différents angles, essayant d'imaginer un point de vue opposé. C'est soulageant et libérateur d'ouvrir les portes de la compréhension.

Des étapes marquantes qui ont installé mes blocages

C'est à ma naissance, une nuit de janvier glaciale, que s'est gravée en moi une première croyance : JE NE VAIS JAMAIS Y ARRIVER. Et que mon inconscient a intégré l'idée que je ne pouvais compter que sur moi-même.

Afin de ne pas accoucher dans une 2CV cahotante sur une route verglacée et en pleine nuit, ma mère a déployé des efforts considérables pour ne pas pousser alors que tout son être lui en intimait l'ordre. Dans l'utérus, je luttais seule à la recherche de l'air dont j'avais désespérément besoin à ce stage. Une maman va contre sa physiologie par amour pour son enfant quand de son côté, son bébé lutte pour sa survie. C'est en lisant le récit de cette épopée écrit par ma mère à la maternité que j'ai compris cela. Elle l'avait joint à mon livret de naissance, qu'elle m'a remis trente ans plus tard.

D'aussi loin que je me souvienne, j'ai toujours eu une peur panique de ne pas pouvoir respirer. Au point qu'une narine bouchée par un rhume me paniquait. J'y suis pourtant arrivée, à naître ! Et ça, je l'avais occulté.

Le deuxième évènement marquant a induit en moi une blessure d'abandon. Une croyance que tout peut s'effondrer sans prévenir et me précipiter dans le néant. J'ai été perdue sur un marché à deux ans. Fascinée par des poussins sur l'étal d'un éleveur, je me suis accroupie un long moment. Lorsque j'ai relevé la tête vers ma mère et ma tante, il n'y avait plus personne. Je me souviens de la terreur ressentie. Cet épisode est l'un des premiers souvenirs que j'ai de ma petite enfance. J'ai pu rattacher mon souvenir à cet évènement lorsque ma mère me l'a raconté. J'ai été retrouvée deux heures plus tard. Figée, je ne pleurais pas. Et pour cause, j'étais comme pétrifiée, absente de moi-même.

Puis est venue la blessure d'humiliation. Les échecs réprimandés ; les réussites ignorées. Je ne pouvais m'exprimer en public, croyant systématiquement mes paroles bêtes, ou risibles. Mon ambition était inexistante car je n'imaginais pas mériter quoi que ce soit de plus que ce que j'avais. Au point que j'étais incapable d'éprouver de la jalousie. Un sentiment que j'ai découvert en observant le comportement des autres. Je connaissais en revanche très bien le sentiment de honte. Un partenaire familier et tenace accompagné d'une culpabilité, même quand elle était impossible. Mes tentatives pour « rentrer dans le moule

» échouaient souvent. J'ai commencé à me créer une carapace. J'étais très susceptible et parfois, ne me sentant pas respectée, j'étais en proie à des excès de colère que je me reprochais ensuite.

À l'adolescence, des trahisons de mes pairs là ou je ne m'y attendais pas me font prendre conscience que ceux à qui je suis particulièrement attachée ne partagent pas forcément mes valeurs, peuvent manigancer contre moi, voler ma place et me dévaloriser pour se mettre en avant. J'ai cessé de faire confiance. Mais la méfiance que je développe alors me fera perdre des opportunités, refuser des mains tendues et même briser délibérément une relation amoureuse.

Adulte, dans le cadre professionnel, je suis incapable d'affirmer mes idées si elles sont divergentes, de faire reconnaître mes capacités, que d'ailleurs je cache. Ne pas me faire remarquer reste une priorité. Cette injonction m'imprègne, me possède, me domine. Toujours sur le qui-vive, dans la crainte de l'humiliation, je tais souvent mes opinions. Mon hyper-empathie me pousse fréquemment à laisser d'autres personnes s'attribuer mes idées. Je repère quand les gens ne sont pas authentiques mais n'en dis rien de peur de les blesser.
J'ai tu mes ressentis, réfréné mes élans et ignoré mes désirs et mes besoins, prétextant en moi-même que ce n'était pas grave.

Malgré tout, quelque chose restait parfaitement bien en place en moi. Un élan de vie puissant. Un indestructible appel à la JOIE. Une envie de faire grandir les gens autour de moi. Un intense désir de connexion, de partage et d'échange.

Reconnaître et accueillir ce qui vibre au plus profond de moi

À vingt-neuf ans, alors enceinte de mon deuxième enfant, j'ai commencé à réfléchir aux évènements qui ont marqué mon parcours de vie. Peu à peu, j'ai rassemblé les pièces du puzzle dans l'espoir d'en découvrir l'image finale qui m'aiderait à en comprendre le sens. Tout a commencé avec un livre qu'une tante m'a donné : "T'es toi quand tu parles » de Jacques Salomé. Non, il n'y a pas de faute, c'est bien ça le titre. Sa lecture a ouvert en moi des pistes de réflexion et aiguisé ma volonté de comprendre. À commencer par l'impact du poids des mots et de leur résonance avec nos maux. J'ai conscientisé que nous n'étions pas prédéfinis. Que des parts de nous demandaient à se révéler et que cela dépendait de nous. À partir de là, ça a été une progression constante mais lente car je ne me suis pas faite accompagner. Être guidée m'aurait fait gagner des années.

Inspirée par les récits autobiographiques de femmes qui n'ont pas suivi le chemin qu'on leur destinait et les livres de ceux qui ont bousculé l'ordre établi en ouvrant la voie à de nouvelles idées, j'ai tracé mon chemin de libération.

Tout ce qui explique le fonctionnement de l'humain et en particulier comment s'établissent les interactions entre le corps, les émotions, l'esprit et l'environnement stimule ma curiosité. J'y découvre toujours un champ d'application dans l'aménagement du lieu de vie, mon autre passion. Je fonctionne à l'intuition choisissant mes livres au feeling : outre le titre qui me donne une première information, je pose la main dessus et je me concentre sur mon ressenti. S'il est positif, je l'ouvre à une page au hasard dont la lecture achève généralement de me convaincre. C'est comme ça que j'ai lu des centaines de livres de développement personnel, de décoration et de spiritualité qui correspondaient chaque fois précisément au stade de mon évolution du moment.

Observant mes propres comportements, j'ai constaté que ma façon d'être et d'agir était très différente selon les situations. En classe, je ne parlais que si on m'interrogeait. Je ne voulais avoir ni de trop mauvaises notes, pour ne pas me faire remarquer, ni la meilleure note, pour la même raison.

Pourtant, quand l'âge des boums et des soirées dansantes est arrivé, une autre Agnès s'est révélée. Sur la piste de danse du début à la fin, et portée par la musique, je laissais libre cours à la soif de vivre qui dormait en moi. Habitée d'un enthousiasme sans limite, j'avais une aisance particulière pour créer du lien et rassembler. C'était facile, léger, d'une énergie vibrante et communicative. Je demandais aux garçons qui voulaient danser avec moi d'accorder d'abord une danse à une des filles que personne n'invite. J'engageais la conversation sans peur d'essuyer un refus. Dans ces moments mes peurs n'existaient plus. C'est là que j'étais véritablement moi, dans une aisance naturelle, libre de m'exprimer physiquement et verbalement.

J'en ai compris deux choses. D'abord que le corps en mouvement est un chemin d'expression libérateur, que les vibrations musicales ouvrent le champ des possibles et qu'un lieu peut émettre une énergie au pouvoir guérisseur. D'autre part, que cette fille introvertie et mélancolique n'était pas moi, mais ce que mon environnement avait fait de moi. À l'intérieur, une force vitale inouïe a toujours brûlé, même quand elle n'était pas libre de s'exprimer.

Une libération qui commence par l'acceptation
Cette façon d'être libre tout à coup était-elle en lien avec l'attitude de mon père ? Cet homme cassant et distant se transformait occasionnellement et comme par magie en un joyeux drille hautement charismatique. Cela avait lieu lors de fêtes qu'il organisait annuellement avec ses amis et leurs familles ou à l'occasion des réveillons. J'avais cru qu'il me fallait à moi aussi des circonstances spécifiques et rares pour m'autoriser à être moi et qu'en dehors de ça, l'impérieuse nécessité de me conformer à un moule totalement inadapté était inévitable.

Mais un échange avec mon père quelques mois avant sa mort m'a révélé que cet homme si dur, intransigeant et si peu affectueux était finalement un grand hypersensible. Que pour ne pas s'effondrer, après avoir vécu des traumatismes insupportables dans son enfance, il s'était instinctivement barricadé dans cette dureté comme dans une forteresse salvatrice. En acceptant que cela teintait mon propre fonctionnement, j'ai pu briser des barrières et laisser de la place à ma douceur.

Dans tout ce parcours, qui au début n'était pas facile, tu t'es trouvé une porte de sortie pour pouvoir être toi-même. Comme une espèce d'élan, pas de survie mais de reconnexion à toi ?

Ces expériences m'ont montré qu'à chaque fois que je dénoue quelque chose en moi, cela me permet de mieux comprendre les autres. De même, comprendre autrui m'aide à être plus alignée avec la personne que je suis au plus profond.

Durant mes années lycée, je ne comprenais pas l'intérêt que certains me portaient et qui me semblait démesuré, ni les regards interrogateurs des autres. Je me sentais comme un imposteur. Je fascinais ou suscitais la mise à distance ; on me trouvait bizarre.

Pour exemple, un jour, après un cours de natation, dans les cabines de vestiaires à côté de la mienne, j'entends deux filles dire de moi : " Ah mais en fait, elle n'est pas snob, elle est super sympa". Les ayant vu en difficulté agrippées au bord du grand bassin, je les avais aidées à comprendre comment s'allonger dans l'eau pour flotter puis nager. Là j'ai compris que j'étais perçue comme une personne distante et hautaine. Probablement parce que tant qu'on ne me sollicitait pas, je ne parlais pas. J'observais. Conscientiser ce conditionnement m'a permis de m'en libérer.

Déployer ses dons et reconnaître ses compétences
Ce qui m'est apparu plus clairement, c'est qu'en même temps que les conditionnements se mettaient en place, ma sensibilité faisait croître ma créativité.

Encore presque un bébé, j'étais captivée par les êtres vivants, humains et animaux. Capable d'observer longuement le déplacement d'un ver de terre ou d'un escargot sur le sol humide de l'allée du jardin, l'agitation de poussins dans un enclos, ou les gestes malhabiles d'un bébé dans sa poussette, je ressentais leur énergie. Je pouvais aussi percevoir une foule d'informations dans l'atmosphère d'un intérieur.

Contrainte à rester sage et sans bouger, j'ai développé ma capacité d'observation.
La décoration est une passion qui m'a prise toute petite. C'est vers sept ans qu'un évènement déclenche ma vocation d'Optimisatrice d'Espaces Intérieurs. Un jour, mon père a sorti les plans de notre maison, qu'il avait lui-même dessinés, pour son frère désireux de faire construire sur la même base. De magnifiques plans

d'architecte s'étalaient sur toute la table. J'appartiens à une génération où les enfants ne se mêlent pas des affaires des adultes, mais là c'était plus fort que moi ; je me suis approchée très discrètement, fascinée. J'ai bravé ma peur, me faisant toute petite pour ne pas me faire rembarrer d'un "File dans ta chambre ! » C'était une découverte fabuleuse. J'identifiais ma chambre, la cuisine, la salle de bains... Aucun détail ne m'échappait : les mesures, les surfaces, les éléments techniques et tout ce qui constitue ce type de plan. Après ça, certains dimanches pluvieux, j'étalais des feuilles blanches sur le sol de ma chambre et je dessinais des plans de maisons. Puis je m'amusais à placer un lavabo là, une douche ici, et tout ce qui compose un habitat. J'inventais une famille et l'imaginais y vivre. J'organisais les meubles pour faciliter leurs allées et venues et leurs activités. Sans le savoir, je faisais mes armes en ergonomie de l'habitat. J'apprenais à faire le lien entre le dessin codé et la réalité physique.

Lorsque ma mère, hyper-créative et très bricoleuse, demandait pendant les vacances qui l'aiderait à tapisser une pièce, j'étais toujours partante. Là où les autres voyaient une corvée, je jubilais à l'idée de transformer la maison. Non seulement on déplaçait les meubles pour tapisser, mais ensuite je proposais de les disposer autrement. Portée par mon enthousiasme, je savais être convaincante et la maison changeait d'ambiance.

J'ai toujours aimé dessiner et les travaux manuels. Ado, j'ai appris plusieurs techniques artistiques en m'inscrivant aux cours du soir d'une école d'arts plastiques. Je pouvais y laisser libre cours à mes envies sans avoir à justifier de mes choix. Sans contrainte, j'étais productive et créative, m'autorisant à sortir du cadre. Ma capacité à me mettre en résonance avec un lieu, aiguisée par l'hypersensibilité, s'est développée.

Arrivée au moment du choix d'orientation après le bac, la décoration m'attirait autant que la psychologie. Ayant une bien faible estime de moi, j'étais très influençable. Lorsqu'une de mes amies à qui j'exposais mon dilemme m'a affirmé avec aplomb que " ceux qui font psycho sont zinzin ", le choix fut fait. J'ai opté pour la déco et réussi le concours d'entrée d'une école d'aménagement et décoration d'espaces intérieurs et commerciaux. Cette année-là, l'école ouvrait une promotion spécialement enrichie de plusieurs matières dans l'objectif de la faire monter de niveau et obtenir le financement de l'État. Ayant enfin trouvé un intérêt à étudier, je fus majore de promo et c'est bien la seule fois que je me distinguai autrement que par mon silence dans mon parcours scolaire. Ne parvenant pas à considérer cela comme une réussite, je m'empressais de minimiser.

Plus tard, j'ai fait un détour par le stylisme de mode pour créer mes propres vêtements. Je me suis arrêtée après la création de ma robe de mariée. Ensuite, c'est la conception-réalisation audiovisuelle qui m'attira. Mais dans ce milieu-là, il n'y avait pas que la créativité, il fallait avant tout se faire REMARQUER ! Tu vois le truc ! Je suis vite revenue à la décoration.

Longtemps décoratrice d'un groupe prestigieux de librairies, je pouvais emprunter les livres. Alors j'ai étudié la décoration, l'écologie de l'habitat et le développement personnel. Je me suis formée en Feng Shui. D'abord étonnée, j'avais constaté que je mettais déjà instinctivement en place chez moi bon nombre de ses principes. C'est la physique quantique, étude de l'infiniment petit, qui m'a révélé en quoi mes deux passions, l'habitat et la psychologie, étaient liées.

Grâce à mes nombreux déménagements, j'ai allégé ma charge mentale en me délestant d'objets inutiles. Quand nous possédons des objets en excès, ce sont eux qui finissent par nous posséder.

Comment cette progression vers l'optimisation du lieu de vie et la découverte de ce qui était déjà en toi depuis ton enfance t'ont aidé à te défaire de toutes ces programmations qui bloquaient ton évolution ?

Le besoin de savoir comment fonctionne le cerveau humain et ce qui conditionne les relations interpersonnelles éclairait ma compréhension de l'incidence du lieu de vie sur ses occupants. Plus je comprenais mon parcours, plus je libérais ce qui n'était pas réellement moi et plus mes centres d'intérêts se complétaient, s'enrichissaient mutuellement et m'apparaissaient étroitement liés.

Si la décoration semble essentiellement visuelle, la relation de l'humain avec son lieu de vie est bien plus profonde. Nos "chez-moi" sont des miroirs de nous. Ils nous révèlent à nous-même et témoignent de notre capacité plus ou moins grande à prendre soin de nous. À condition d'y être attentif, la maison nous délivre des messages dans tous les domaines de notre vie : santé, réputation, prospérité, travail, famille, amour, connaissances... etc.

Sortir du ronronnement rassurant mais monotone
Un jour, le besoin de changement s'est fait impérieux et j'ai changé d'emploi en répondant à une proposition qui venait à moi. Ça ne s'est pas bien passé. Je me suis retrouvée durant trois ans dans un environnement chargé de mauvaises vibrations. Un lieu déprimant, très éloigné de l'harmonie du Feng Shui, et une équipe de vingt personnes qui se tiraient dans les pattes constamment. Les préjugés allaient bon train ; je ne correspondais pas à leur mode de fonctionnement. J'étais épuisée, en limite de burn-out, quand une rupture conventionnelle a été possible. Il m'a fallu un an pour me reconstruire.

Mais dès lors, je n'avais qu'une envie, créer ma propre activité sur la base de ce qui m'appelait. Pensant au départ que dans ma famille nous ne sommes pas formatés pour l'entrepreneuriat, j'ai chassé mon syndrome de l'imposteur en prenant conscience que mon grand-père maternel avait été entrepreneur en tant qu'exploitant agricole, propriétaire terrien et employeur. De lui j'ai pu hériter du gène de l'entrepreneuriat qui me titillait.

Ce que j'aimerais savoir, c'est comment ça t'a aidé à te transformer depuis cette fille qui était très timide et dans la retenue à ta situation d'aujourd'hui ?

C'est à ce moment-là que j'ai arrêté de me détester. J'ai cessé de m'en vouloir et refusé d'avoir honte. La culpabilité et la honte étant les deux émotions qui ont les vibrations les plus basses, il y avait urgence. J'ai délibérément choisi d'accueillir la Joie et renoué avec cette capacité d'émerveillement qu'ont naturellement les enfants. La transformation de ma propre maison fut un laboratoire d'expérimentation fantastique.

En mettant en action pour moi ce qui me passionne, j'ai pu incarner ce que j'avais libéré intellectuellement et analyser les effets de mon lieu de vie sur mon bien-être intérieur. Cette double transformation intérieure a aussi dévoilé toute la richesse de mon hypersensibilité. Ce n'était plus une tare, mais un don précieux.

Se laisser envahir par la joie et renouer avec la sérénité

Nous avons tous, chacun à notre niveau, une capacité à entrer en connexion avec notre habitat. Un ressenti subtil qui nous guide pour optimiser les espaces et créer l'harmonie dans ce "coin du monde à nous" qu'est notre lieu de vie. Il est toujours possible de développer cette faculté. Cela fonctionne d'autant mieux avec les hypersensibles que leur capacité à se reconnecter à leur intuition est plus aisée et leur besoin d'harmonie plus prégnant. C'est réjouissant de savoir que modeler cet espace très privé agit sur nous en accompagne notre évolution. Qu'accorder une attention particulière à notre « chez-soi » c'est aussi prendre soin de soi.

Quand je me suis installée en indépendante, j'ai créé le Rangement Libérateur. Puis un atelier que j'ai nommé La part intuitive du Feng Shui, qui permet à ceux qui le désirent de bénéficier de certains apports du Feng Shui sans avoir à étudier cette philosophie de vie durant des années. La transformation d'un lieu de vie en havre de paix est un cheminement depuis une situation d'inconfort vers une situation où l'habitat devient un allié puissant dans la réalisation de ses projets de vie.

Durant mes études en audiovisuel, j'ai eu l'occasion de participer à deux reportages très intéressants. L'un sur les circassiens, les gens du cirque, l'autre sur les mariniers, ceux qui vivent et travaillent sur leur péniche. En choisissant ces projets, j'ai découvert d'autres façons d'habiter, d'avoir un "chez-soi" différent. Un jour, une cliente qui était assistante sociale et avait accompagné des migrants, donc des gens sans habitat, me confirma que, pour peu qu'on leur donne une tente ou une petite pièce, ils se recréent leur petit univers. Modeler son lieu à soi est un acte instinctif.

Est-ce que ça t'a fait réfléchir sur la façon dont tu as été élevée, sur ce qui t'a empêchée d'être toi-même quand tu étais petite ?

Je mesure aujourd'hui combien la maison familiale était un repère. Un lieu d'ancrage, rassurant, où des années après avoir pris notre envol nous étions toujours heureux de revenir régulièrement. La maison participe à notre identité. Cela a incontestablement joué un rôle dans ma résilience. Déchiffrer son histoire est un cheminement qui apporte continuellement des révélations pour construire l'avenir sur de meilleures bases. Comme le dit Paulo Coelho : « Peut-être que le voyage (le chemin de vie) ne consiste pas tant à devenir quoi que ce soit. Peut-être qu'il s'agit plutôt de se défaire de ce qui n'est pas soi, afin de pouvoir être ce qu'on était censé être au départ. »

Justement, en quoi consiste ton accompagnement ?

De nombreux décorateurs et architectes d'intérieur produisent de superbes réalisations. Mais moi, j'avais envie d'aller plus loin en accompagnant des personnes débordées par l'encombrement et le désordre à créer le lieu de vie beau et harmonieux qui leur correspond véritablement. Lâcher l'inutile et ce qui pèse du passé n'est pas une mince affaire. Pourtant on ne construit rien de solide sur de mauvaises fondations.

À la lumière de ce que j'ai appris et assimilé en l'expérimentant, je propose un accompagnement empreint de douceur et d'écoute où il s'agit de faire émerger des solutions cohérentes avec soi, en accueillant ses propres ressentis et en faisant émerger ses besoins profonds. Accompagner, ce n'est pas savoir à la place de l'autre. Et créer son chez-soi idéal, c'est comme ouvrir une nouvelle porte dans sa vie. Restant sur cette image, je dirais que je guide, propose les bonnes clés, montre où se trouve la serrure et transmets une énergie de mise en action. Mais c'est la personne accompagnée qui décide de quand elle tourne la clé dans la serrure et ouvre la porte de sa nouvelle vie.

Je mets au cœur de chaque projet la relation entre les habitants et leur lieu. C'est une approche holistique qui tient compte tant des besoins des occupants et de leur histoire de vie que des spécificités du lieu.

Depuis cinq ans j'aide les femmes hypersensibles à transformer leur habitat en un lieu de vie harmonieux qui les apaise et restaure leur énergie. Elles ont, plus que les autres, besoin de recharger leurs batteries et d'un environnement qui les apaise, pour ensuite repartir sereinement vers leurs activités à l'extérieur. Souvent leurs enfants sont leur priorité et elles veulent aussi retrouver du temps de loisirs avec eux. Au-delà de l'aspect esthétique, qui a aussi son importance, c'est d'une maison facile à vivre et enthousiasmante qu'elles ont besoin. Quand il faut peu de temps pour remettre sa maison en ordre, c'est la vie de toute la famille qui s'enrichit.

En mettant leur sensibilité au service de la transformation de leur lieu de vie, les personnes que je guide libèrent des parts d'elles-mêmes et leur maison devient le moteur de leur propre transformation intérieure. La décoration devient expression de soi et prendre en compte tous les aspects d'une manière d'habiter : le lieu et son histoire, les habitants et leurs besoins, les énergies en présence, la temporalité.

Pourquoi as-tu souhaité participer à ce projet d'écriture ?

J'ai ressenti un appel à participer à l'aventure, d'abord parce qu'elle m'offre une formidable occasion de retracer ce parcours de transformation depuis la petite fille ultra timide que j'étais à la femme épanouie et audacieuse que je suis aujourd'hui. Ensuite, parce que j'ai cette envie d'écriture depuis très longtemps. Et si mon témoignage peut nourrir chez d'autres l'espoir d'une évolution heureuse et donner un élan au changement, je m'en réjouis. Je définis ici la résilience comme une capacité à se reconstruire après des traumatismes physiques ou psychologiques.

Qui suis-je ?

Je suis Agnès Podsadny, optimisatrice d'espaces intérieurs passionnée par la psychologie de l'habitat et spécialisée en Feng-Shui. J'aide les femmes épuisées par un habitat qui sape leur énergie à profiter sereinement de leur temps et de leur famille en transformant leur lieu de vie en havre de paix.

Je crois vraiment que les sensations que nous cherchons inconsciemment à retrouver dans notre maison sont les mêmes que celles que nous avions dans le ventre de notre mère : La sécurité absolue, le confort total et un lâcher-prise pour être parfaitement soi.

Liens pour me joindre :

Facebook professionnel
https://www.facebook.com/agnes.podsadny.1

Groupe privé Facebook
https://www.facebook.com/groups/maison.cocooning
.pour.hypersensible

Instagram
https://www.instagram.com/agydeco/
**Ressource offerte : 13 excellentes raisons d'épurer
son "chez-soi"**
https://d2saw6je89goi1.cloudfront.net/uploads/digit
al_asset/file/1182249/RI-AgnesPODSADNY-13-
raisons-Ranger-2023-03-17.pdf

AMANDINE SERRIERE

Tout est possible, quel que soit l'environnement et ce qu'il vous arrive ! Il suffit d'y croire et de garder la foi

Comment as-tu parcouru ton chemin de résilience ?

Comment décrire à quel moment ce chemin a démarré ? Je souhaite juste mettre un cadre autour et puis oui, revenir sur ce morceau-là de ma vie dans lequel j'ai dû accéder à ce niveau de résilience et de foi en la vie.

J'ai décidé, il y a quelques années, de changer de chemin et de faire un virage à 180 degrés en rejoignant un domaine qui me tenait à cœur, celui de l'énergétique et du spirituel.

J'y étais prédestinée dès ma naissance de par la lignée de magnétiseurs à laquelle j'appartiens. Et pourtant j'avais pris une autre voie plus éloignée.

Revenons encore quelques années en arrière, à l'époque, j'avais créé une agence de communication et de design, j'étais en couple heureuse et sans enfant. Un rythme effréné bien que le travail soit passionnant. J'avais pour projet de construire ma famille mais le projet s'est avéré non partagé. J'ai donc décidé de respecter mon envie d'enfant et de changer complètement de vie. J'ai tout d'abord fermé ma société puis, j'ai quitté la personne avec qui j'étais.

Événement imprévu, à ma séparation, mes canaux de perception extrasensoriels se sont rouverts, sans prévenir et, a démarré, sans que je le sache, le chemin vers ma nouvelle vie. J'ai été totalement guidée sans savoir où m'emmènerait tout ce parcours.

Je me suis donc formée à de nouvelles pratiques énergétiques, puis installée en tant que thérapeute et par la suite j'ai moi-même commencé à former des personnes. Ma vie semblait équilibrée et, pour autant, je n'avais pas trouvé la personne avec qui refaire ma vie et fonder ma famille. Faire un bébé toute seule n'était en rien concevable.

Il y a un peu plus de trois ans, au moment où j'écris ce texte, j'ai rencontré une personne en laquelle j'ai cru voir tout ce que je rêvais de rencontrer. J'ai vu une personne qui était dans le même secteur d'activité, qui disait avoir les mêmes objectifs de vie, les mêmes croyances, les mêmes envies de voyages, les mêmes projets de famille et d'enfants. Un magnifique tableau servi sur un plateau d'argent...

Lors de cette rencontre, je me suis accrochée à cette image de l'homme idéal que j'ai perçue à travers cette personne, ignorant tous les messages de mes guides et toute mon intuition. C'est donc finalement comme cela qu'en un an, je suis passée de : célibataire, mariée, maman, séparée, à (presque) divorcée! Ce qui est le plus contradictoire, c'est que j'ai traversé des moments particulièrement difficiles, tout en recevant le plus merveilleux des cadeaux... ma fille.

L'expérience que je retire de cette relation aujourd'hui, fait de moi une personne complètement différente, une personne grandie, transformée, puissante et alignée.

Et si je ne devais écrire qu'une phrase ce serait : la vie est là pour nous offrir ce que l'on a envie et besoin de vivre ! Même dans nos pires moments, elle est là pour nous livrer les plus belles choses, les trésors peuvent être cachés et parfois, ces plus belles choses, nous demandent aussi de passer, par différentes étapes plus difficiles.

C'était lors de la soirée du réveillon que je compris qu'il y avait quelque chose d'anormal dans ma vie et que j'étais peut-être en danger. Mariée et enceinte, je me suis fait la promesse de changer de vie avec cette nouvelle année. Je comprendrai quelques semaines après que j'étais d'une certaine façon sous emprises psychologique et énergétique et qu'il faudrait que je parte, que je quitte mon domicile, que j'abandonne tout...

Alors oui... j'aurais pu voir les signes avant... la vraie question était : voulais-je réellement savoir ? Étais-je en état de voir la manipulation que j'avais laissée se mettre en place ?

Comme j'aime bien le dire... j'ai ma vie de thérapeute et j'ai également une vie de simple femme incarnée qui a besoin de faire ses expériences humaines ! J'ai ignoré tous les messagers qui m'ont prévenus de ce qui allait se passer. J'ai refusé d'écouter, parce que je me raccrochais à ce que j'avais envie de vivre et de voir. J'étais si amoureuse et mon envie d'être mère était si forte ; et pour autant, c'est cette même énergie de maman qui m'a finalement amenée à m'en sortir. C'est grâce à l'instinct maternel que j'ai pu ouvrir les yeux. Cet instinct encore inconnu a pris le dessus lorsque j'ai reconnecté à ce qui m'était important d'offrir à mon enfant : l'envie d'offrir une vie différente, une vie faite de joie et d'amour.

Ce que je sais aujourd'hui, c'est que mon âme avait besoin de traverser cette phase de vie pour évoluer. Mon chemin de résilience a été d'arriver à me choisir au-delà de mes valeurs : choisir d'être forte et oser y croire, croire en la vie et en sa magie. Garder la foi quoiqu'il se passe et de rester dans le juste et dans la lumière. J'ai été très challengée et je peux encore l'être parfois aujourd'hui... Pourtant les plus beaux cadeaux sont là tout autour de nous. Et dans chaque apprentissage, j'avance sur mon chemin de vie.

Est-ce que tu dirais que le premier choix, c'est bien de s'aimer suffisamment pour se choisir, quelle que soit la situation ?

Oui, je pense que nous avons tous des valeurs différentes. Certaines personnes ont des valeurs de sécurité, de travail, de couple, d'argent, de famille...

Moi, j'avais une valeur couple très haute et qui faisait que dans mon couple, j'avais cette tendance à m'oublier et à mettre en avant la personne avec qui j'étais. Suite à tous ces événements traversés, j'ai pu être magnifiquement bien accompagnée. Dans tout ce travail fait sur moi, il m'a fallu me recentrer, apprendre à me connaître, à me respecter et donc, à m'aimer.

Souvent dans notre vision du couple et de notre rôle au sein d'un couple, c'est souvent distillé par un environnement familial et ou sociétal. On accepte de véhiculer ces valeurs en fait et ces valeurs nous amènent un apprentissage et nous challengent pour nous obliger à choisir. Qu'est ce qui m'appartient ? Qu'est ce qui ne m'appartient pas et qu'est ce qui est bon pour moi ? Est-ce que c'est comme ça que tu le perçois ?

C'est exactement cela.

Cette personne répondait à tous les critères familiaux : une fausse bonne situation, une belle présentation, de la prestance, et surtout... pas de tatouages pour ma mère (rires).

Pendant des années, j'avais mis l'envie d'avoir un enfant de côté, j'avais plein de projets entrepreneuriaux dans lesquels je transférais ce besoin d'être mère. Je disais toujours que ma société était mon bébé. Après 7 ans de défis, je me suis aperçue que je n'avais plus de vie. Je travaillais non-stop et le fils de mon ex-conjoint m'applaudissait quand je rentrais et qu'il faisait encore jour ! J'ai compris que j'avais cette envie de créer ma propre famille et ce, dans de nouvelles conditions de vie, d'où ma décision de fermer mon agence. La personne avec qui j'étais ne voulait plus d'enfant et nous avons décidé de nous choisir et de nous respecter en nous séparant. Retrouver quelqu'un avec qui je sois bien, avec qui je puisse construire... Ce fut un long périple ! Alors le jour où j'ai vu la personne « idéale » arriver, qui rentrait dans tout ce carcan social et familial, j'en ai oublié de me poser certaines questions.

Alors justement, quel sera le message aux femmes qui vont te lire ?

Même quand la vie nous amène à traverser des événements qui nous semblent durs. Derrière, il y a toujours un très beau cadeau. Nous grandissons de tout ce que nous traversons et nous ne soupçonnons pas un centième de nos capacités. J'en viens à rêver d'un monde dans lequel nous serions conscients de ces capacités cachées, sans avoir besoin de nous connecter à notre survie personnelle pour les activer.

La femme que je suis devenue aujourd'hui est tellement différente et en cela, je le remercie profondément pour cela.

J'ai pu connecter avec tellement d'aspects de moi-même insoupçonnés :

- La femme mère louve qui a découvert sa force et sa puissance le jour où on prend son enfant sans son accord.

- La femme tortue qui part avec son enfant dans le ventre avec ses affaires sur son dos parce qu'elle n'a que quelques minutes pour s'enfuir.

- La femme médecine qui au-delà de toutes ces étapes a continué à accompagner des âmes dans des phases de transformation.

- La femme justicière qui s'est battue pour faire entendre aux autorités le harcèlement jusqu'à obtenir gain de cause.

- La femme guerrière de lumière qui a su s'en remettre à la justice divine.

- La femme entrepreneur qui a créé sa propre école énergétique tout en élevant seule son enfant.

Ce que j'ai compris, c'est que lorsque nous pensons que notre vie est en jeu, il y a tout un mécanisme de survie qui se met en place pour nous aider à nous surpasser. Et c'est la vie elle-même qui nous permet de nous transcender.

Aujourd'hui, mes recherches se portent sur le fait qu'à n'importe quel moment, il nous est possible de nous connecter à cette force enfouie en nous... Alors, si nous n'attendions pas d'être en danger, si nous évitions de rencontrer LA personne qui va nous forcer à nous connecter à cette part de nous... Nous saurions que nous sommes capables, à tout moment, quoi qu'il se passe, d'atteindre nos rêves, d'aller vers ce qui est important pour nous et d'avancer !

Derrière les portes fermées, ça ne se passe pas forcément comme tout le monde pourrait le penser. Est-ce que tu as par exemple demandé de l'aide ? Est-ce que c'est quelque chose qui t'était accessible ?

Chaque situation est différente, pour autant dans la mienne, demander de l'aide était très compliqué car il aurait fallu que je puisse être en contact avec des personnes extérieures, ce qui m'était quasiment impossible. Je vivais en fusion complète. J'avais été progressivement isolée d'une grande partie de mon entourage, jusqu'à ma tenue vestimentaire qui était contrôlée, chaque geste le plus anodin comme boire était examiné.

Il m'est souvent demandé comment cela a-t-il pu être mis en place et pour cela il faut revenir à une séance en hypnose faite ensemble, avant d'être en couple, et dans laquelle, il semblerait que de fausses mémoires de viol aient été implantées. Suite à cela, tout mon univers s'est écroulé et il s'est positionné comme mon pilier de vie, celui qui me guidait dans ma déconstruction et reconstruction. Il était devenu mon Tout. Nous nous auto-suffisions, du moins c'est ce qu'il voulait que j'accepte.

Quand j'ai mis en place mon départ, il a donc fallu décider seule et trouver des solutions en silence, dans le secret le plus complet.

Par contre, dès lors que je suis partie, j'ai eu cette chance d'avoir des personnes qui m'ont aidées et même des personnes à qui j'avais fermé la porte de par l'isolement. Ces mêmes personnes m'ont rouvert leurs portes et leurs cœurs immédiatement. Les amis d'avant sont toujours là et c'est important de le savoir, pour toutes celles et ceux qui se sentent isolés et qui pensent être seuls.

Nos amis attendent juste que nous ouvrions les yeux.

Il y a aussi des organismes d'aide pour les victimes de violences qui m'ont conseillée et accompagnée dans mes démarches. Et d'un point de vue plus surprenant, il y a des personnes qui se sont présentées à moi, sans que je puisse l'imaginer, comme son propre frère et ses ex-conjointes qui ont témoigné pour moi lors des procédures pénales.

Il s'agit juste de garder espoir en la vie.

Et si je me permets un parallèle avec les énergies quantiques, nous sommes des ondes et lorsque nous modifions notre énergie c'est notre environnement qui se modifie dans le même laps de temps. Par conséquent, à n'importe quel moment, l'univers nous fournit les ressources dont nous avons besoin, tout est juste. Le changement vibratoire se fait au moment où nous prenons la décision, les portes s'ouvrent, même si nous ne les voyons pas. Le premier pas est de se dire, je peux le faire, je peux partir, je crois en moi et je crois en la vie.

Est-ce que tu penses que l'étape d'avant, c'est de se dire : « Cela ne va pas ? Il faut que quelque chose change... » Une espèce de déclic qui dit : « Non, ce n'est pas comme cela que ça doit être, il faut que je m'en aille ! »

Dans mon cas, il a fallu beaucoup d'éléments car, dans mes valeurs, le mariage est un acte très haut en engagement, le plus haut dans ma hiérarchie. Il n'était donc pas question de partir parce que si je me mariais, c'était pour la vie. Il m'a fallu plein de déclics différents et c'est l'accumulation de ces éléments qui ont fait qu'à un moment, je me suis dit que cela allait trop loin.

Mon premier déclic eut lieu à peine trois semaines après notre union. Pendant nos travaux dans mon logement, j'ai risqué une chute de plusieurs mètres de haut. J'ai alors fait une crise de panique car j'ai eu l'impression qu'il voulait que je tombe et une telle chute aurait pu m'être fatale. Puis la jalousie maladive s'est amplifiée post-mariage allant jusqu'à la possession sous toutes ses formes.

Lorsque je suis tombée enceinte, mon système interne s'est modifié et j'ai été amenée à m'interroger :

- Quelle est la vie que j'ai envie de proposer à mon enfant ?

- Est-ce que j'ai envie d'une vie où je pleure tous les jours ?

- Est-ce vraiment ce cadre de vie que je souhaite offrir à un enfant ?

Dans ma vision de la mère, j'aime à dire que j'accompagne une future adulte et j'ai envie de lui montrer un chemin de lumière. Et pour cela, il a fallu que je prenne conscience que je m'étais déconnectée de cette lumière et j'en prends l'entière responsabilité car sans ces événements je n'aurais jamais eu ma fille.

Lorsque j'ai porté plainte pour harcèlement à plusieurs reprises, j'ai été analysée par un psychiatre qui m'a reçue par deux fois, il devait vérifier la véracité de mes dires.

Une épreuve compliquée avec bébé en allaitement car les visites se faisaient dans un asile psychiatrique. Lors de ces séances, il m'a fait comprendre que j'étais avec une personne ne discernant pas ses contradictions internes et que j'étais moi la Victime. Que ma seule erreur avait été de l'Aimer.

C'est à partir du moment où j'ai intégré ce statut de victime que je me suis réalignée avec qui j'étais et que les portes se sont ouvertes. Même si le contexte était difficile, j'ai été soutenue par l'univers lui-même. Pour ceux qui en doutent, je peux affirmer qu'il y a une vraie justice divine, il m'a suffi de l'invoquer. Il est possible de croire qu'elle nous a oublié, ce sentiment est normal. Elle est pourtant bien présente pour tous ceux qui choisissent de rester dans leur propre lumière divine. Pourtant quand il a fallu faire face aux événements, j'ai souvent eu l'impression que l'univers m'abandonnait mais je me suis accrochée et j'y ai cru. Face au mur, je n'avais plus le choix, j'y suis allée. Il y a des personnes extraordinaires autour qui ont été là bien au-delà de la partie énergétique et il y a des structures associatives, juridiques et judiciaires qui sont là aussi pour nous encadrer, faire comprendre la situation et nous aider en tant que victimes.

Comment ça s'est passé après, une fois que tu es partie ? Donc si j'ai bien compris, tu as accouché après ton départ ?

Je suis partie à quatre mois de grossesse et trois mois de mariage. Mon premier réflexe était de chercher dans les acteurs américains qui avaient divorcé en aussi peu de temps ! (Rires) Je cherchais encore comment tout cela était possible, comment la situation avait pu dégénérer aussi rapidement.

Avec le recul que j'ai maintenant, je m'aperçois que dès le lendemain du mariage, son comportement avait commencé à changer. Il affichait publiquement ce qu'il cachait précédemment. Et en quelques jours, le danger a commencé à prendre place. C'est allé si vite !

Et pour te répondre sur la reconstruction... Je pense qu'elle est encore en cours. Elle se fera avec le temps et j'accepte ce temps. Comme m'a dit une autre psychothérapeute qui m'a suivie plus tard, il faut parfois plusieurs années et c'est OK. Cela demande du temps de se retrouver, de savoir qui on est vraiment, de savoir ce que l'on veut vraiment. Puis après, il faut refaire la place à quelqu'un d'autre. Ça... c'est un autre chemin.

À ce jour, je suis portée par ma fille et j'ai une chance folle d'avoir au-delà de mes amis et de ma famille, une communauté bienveillante.

Qu'est-ce qu'il en est du sentiment éventuel d'avoir trahi tes valeurs du couple et de la famille ?

C'est assez particulier ...

Pour mes valeurs, elles ont réellement évolué. Ma valeur du couple reste présente sans pour autant être placée en premier. Je pense qu'à tout moment, il nous est possible de nous interroger sur nos vraies valeurs et sur ce qui est important pour nous et que la vie, nous offre de quoi les faire évoluer.

Il y a eu à travailler sur moi, en psychologie, coaching, psycho-énergie, énergies quantiques et autres pratiques énergétiques de libération. Il m'a fallu analyser ce que j'avais rêvé de vivre, ce que j'avais idéalisé et ce que j'avais fondé, tout en travaillant sur le pourquoi j'avais rencontré cette personne, qu'est-ce qu'il m'avait apporté et appris.

J'ai pu grâce à tous ces événements apprendre à m'affirmer, à poser des limites, à savoir dire non, à savoir dire stop et finalement à me choisir, à me respecter et à m'aimer.

Puis, il y a eu à travailler sur ce que nous avions scellé dans notre union au travers du mariage et dans des sacralisations religieuses. Une autre approche des valeurs, de ce que nous promettons et de comment nous les « matérialisons. »

Nous sommes acteurs de nos vies et je pense qu'il faut s'en souvenir. Quoi que l'on vive, quoi que l'on traverse, à tout moment nous pouvons reprendre le pouvoir sur la situation.

Bien sûr, pour aller changer la guerre à l'autre bout du monde, je n'ai pas le pouvoir. Par contre, pour permettre de changer ce que je vis, ça oui, j'en ai le pouvoir !

Après, si je n'ai qu'un conseil, c'est qu'il faut être très vigilant avec les personnes qui nous demandent de nous changer pour eux. Ce choix ne peut venir que de notre propre volonté.

Si une personne te lit et qu'elle est dans une situation similaire, même si chaque situation est différente, c'est quoi la première question à se poser et quelle est la première chose à faire selon toi ?

Je pense que pour se reconnecter à la vie que l'on a toujours rêvée, il suffit de se poser quelques questions :

- Est-ce que la vie que je mène aujourd'hui correspond à ce que je souhaitais vivre ?

- Que dit mon âme de cette situation ?

- Quel était mon rêve d'enfant ?

- Suis-je en train de survivre ou d'exister pleinement ?

- Suis-je heureux/se ?

- Ai-je encore les étincelles dans les yeux ?

- Qu'est ce qui me fait vibrer au plus profond de mon âme ?

- Qu'est-ce que je souhaite transmettre (si vous avez des enfants) ?

Puis viendra la deuxième phase :

- Quel premier pas puis-je engager pour me reconnecter à moi-même ?

- Et si tout était possible, qu'est-ce que je déciderais ?

- Qu'ai-je à perdre de plus ?

Si vous avez la sensation de vous être perdu, que vous avez oublié de vous respecter, quelles que soient le degré des maltraitances subies... Il est essentiel de se dire qu'une issue existe, de rouvrir le champ des possibles : prendre de la hauteur, voir la situation sous un autre angle, se dire que Tout est possible !

Il existe en France des structures d'aide, des personnes qualifiées et compétentes, des forces de l'ordre formées et sensibilisées aux violences... Mon propre médecin traitant a elle-même pu me conseiller.

Et après ?

Bien sûr que j'ai dû repartir à zéro... pour autant... quelle aurait été ma situation dans 6 mois, 2 ans, 10 ans ? Cela aurait juste empiré encore plus. Et au pire du pire... il y a toujours pire... je ne serais peut-être pas là pour le dire !

Oui il y a des personnes qui vivent des choses beaucoup plus graves que ce que j'ai pu vivre car finalement, je suis partie très rapidement. Et il y a aussi des personnes qui ne s'en sortent pas.

En 2022, l'année de mon départ, en France, il a été dénombré :

- 244000 personnes victimes de violences conjugales

- 145 personnes mortes de violence dont 118 femmes. Sachant qu'une seule personne sur 4 porterait plainte !

Si je témoigne aujourd'hui à travers ce livre, c'est pour donner de la force à ceux qui n'osent pas prendre la décision de se choisir et de partir.

Au premier signal à l'intérieur de vous qui dit qu'il y a un danger de mort, même s'il n'y a pas eu encore de violence physique à ce moment-là : écoutez-le ! Ne pas attendre que cela aille trop loin. Cinq fois. Dix fois. Quinze fois. Non ! Une fois, cela suffit en fait !

Il se passe quelque chose, votre corps vous prévient. Dès la première mise en danger, mon corps, mon cerveau et mon âme m'ont prévenue... C'était seulement quelques semaines après le mariage et j'ai refusé d'écouter cette voix intérieure car je lui avais voué mon amour. C'est important de rappeler que l'amour nous rend parfois aveugle, sourd et muet... Attendre plus que ce premier signal, c'est jouer avec la vie et statistiquement comme cité précédemment pour beaucoup c'est souvent trop tard !

Écouter son instinct... sans écouter ce que l'autre nous dit car vous pourriez entendre des phrases comme :

- Si tu crois que je t'aime comment peux-tu penser que je vais te tuer ?

- Si tu doutes, pourquoi sommes-nous ensemble ?

- Si tu m'aimes vraiment, tu dois me faire confiance complètement.

- Tu es tout pour moi. Tu es à moi. Tu m'appartiens.

- Nous sommes mariés jusqu'à la mort maintenant et pour toutes nos prochaines vies.

Le message d'espoir que j'ai envie de transmettre est : qu'en cas de danger de mort, quelles que soient les manipulations mentales faites, les violences subies, notre instinct de survie se réactive. Tel un animal, nous avons tous un mécanisme interne qui nous prévient quand cela va trop loin. Le corps humain a cela de magique !

Est-ce que tu penses que le fait d'avoir été enceinte a décuplé cet instinct ?

Oui, complètement. Je remercie chaque jour ma fille de m'avoir donné cette force intérieure. Je pense même que cela m'a donné une force impensable. Réellement, ce que j'ai traversé dans ce parcours de résilience depuis le jour où j'ai acté mon départ, je n'aurais jamais imaginé être capable de faire ce que j'ai fait. Jamais je n'aurais pensé pouvoir arriver à partir enceinte de mon propre logement avec une simple valise, pour dormir sur un matelas au sol, loin de chez moi, tout en développant mon activité.

D'un côté, oui j'ai pu vivre des situations qui m'ont parues très dures : menaces, diffamations et insultes publiques...

D'un autre côté, j'ai pu vivre les plus beaux moments de ma vie et c'est toute la leçon de vie que j'en retiens.

La mère que je suis devenue remercie, à chaque instant, cette âme qui a bien voulu s'incarner à mes côtés.

Et au-delà même d'avoir pu donner la vie à ma fille, j'ai pu donner la vie à mon école d'énergétique et c'est aussi cela le message d'espoir. Tout est possible si vous le voulez vraiment !

Dans mon école Bio'illuminessence, chaque personne qui entre, apporte sa lumière, apporte sa contribution et je me dis que c'est magnifique. Avoir réussi à créer ma propre école, malgré la situation, c'est pour moi le deuxième message d'espoir que j'ai envie de partager.

Je le redis : Tout est possible, quel que soit l'environnement et ce qu'il vous arrive ! Il suffit d'y croire et de garder la foi.

Et finalement quand je regarde ces derniers mois, l'école a grandi en même temps que ma fille. Et je me dis : « C'est fou ! » Alors, si je peux le faire... n'importe qui peut le faire !

Quand on a vécu l'extrême, est-ce que l'on a encore peur de quelque chose après ?

Il y a encore des peurs, oui. Le parcours est loin d'être terminé mais la force intérieure que je me connais maintenant fait que j'avance telle une mère louve devenue inarrêtable. À vouloir me déstabiliser, il a perdu car j'ai finalement compris ma puissance et je l'ai acceptée. Cette part de moi est maintenant intégrée et nous ne faisons plus qu'une.

Oui, ça c'est un message fort. Ça veut dire qu'il n'y a pas de limites dans ce que l'on pense et dans ce que l'on veut faire. Est-ce que quelque part il y a une naissance en toi qui s'est faite ?

Oui, je pense. Je ne sais pas si c'est une re-naissance ou une naissance. Je me suis re-trouvée et j'ai donné naissance. Après, est-ce que finalement dans chaque naissance d'enfant, il n'y a pas déjà la naissance d'une nouvelle maman, une nouvelle part de nous-même ? Je dirais que c'est une re-naissance au travers d'une naissance.

Est-ce que tu penses qu'avant cette tranche de ta vie, il y avait déjà des prémices. Des indices que tu avais choisi de ne pas écouter à ce moment-là ?

Oui, complètement. Il y avait énormément de facteurs qui étaient déjà là. J'aime à dire que lorsque nous n'avons pas compris la leçon la première fois, ni la deuxième... l'Univers nous enverra une troisième leçon qui passe directement au niveau supérieur.

C'est important ce que tu as dit, c'est qu'il ne faut jamais perdre espoir car à chaque fois il y a toujours une issue de sortie

On a tous nos limites et elles sont toutes différentes. Le principal est d'arriver à détecter quand est-ce que cela outrepasse les limites qui sont les nôtres. Mes limites sur ma valeur « enfant » tout comme sur ma valeur « famille », ont fait que je me suis réveillée à ce moment-là. Et il aura fallu une crise de jalousie de trop, sur une photo de mon grand-père mort 20 ans avant, pour que je sache que c'était le moment de partir. Il y avait pourtant eu maintes crises de colère et de jalousie, allant jusqu'à des extrêmes incompréhensibles, puis des mises en danger comme celle évoquée précédemment, les rabaissements à répétition privés et publics... et c'est finalement cet événement qui a été le déclencheur pour m'aider à passer à l'action. Nous avons tous notre vécu et ce vécu joue sur notre capacité à « encaisser. »

Et puis, nous avons aussi ce que nous avons vécu karmiquement dans d'autres vies avec la personne et ce que nous avons dans notre transgénérationnel : nos mémoires ancestrales. Nos actions résultent donc de faits qui sont bien au-delà de ce que nous savons consciemment. Nous sommes la résultante de paramétrages inconscients qui se rejouent à notre insu. Au-delà de la vie de tous les jours et de ce que l'on en connaît, il y a tout ce que l'on ne connaît pas. C'est là où, au travers de ce que j'enseigne dans mon école d'énergétique ou dans les soins que je pratique, j'emmène les personnes. Je vais vérifier une problématique sur tous les plans et elles me contactent en me disant : je voudrais comprendre ce qu'il se passe dans cette situation car je suis bloquée. Si je devais faire une moyenne, il y a en général plusieurs mémoires de vies antérieures qui jouent sur leur vécu actuel, souvent des mémoires utérines et des mémoires ancestrales sur une ou plusieurs de leurs lignées maternelle ou paternelle.

Ce vécu dans d'autres vies rentre en ligne de compte. Il est inscrit à l'intérieur de notre âme et il est là, il fait partie de notre apprentissage. Donc quand une problématique vient, si elle n'a pas été résolue dans une autre vie, elle va revenir à nous pour se rejouer dans cette vie. C'est comme un apprentissage inachevé. Grâce à ce travail, le champ de compréhension devient beaucoup plus grand.

Dans le transgénérationnel, il est possible d'avoir des ancêtres qui ont été battus, violés, maltraités, appauvris et cela peut s'inscrire dans les gènes. Donc il y a à travailler sur comment je vais lâcher ces bagages qui ne m'appartiennent pas.

Pour résumer, notre « héritage » est beaucoup plus grand que celui que nous entrapercevons dans notre vie de tous les jours.

J'aime à dire que : travailler sur cette vie, c'est très bien, et travailler sur les autres, c'est encore une étape de plus pour mieux apprendre à nous connaître et reconnecter à notre âme.

Je souhaite terminer ce témoignage sur ce chemin de résilience par ce texte écrit juste après mon départ :

« Gratitude...

Gratitude pour cette relation passionnelle que j'ai pu avoir avec mon mari et qui prend fin.

Gratitude pour la vie qui grandit en moi depuis 4 mois et demi...

Gratitude pour cette magie de la vie qui fait qu'une vie arrive.

Gratitude pour ces challenges que la vie nous demande de transformer.

Gratitude pour cette évolution personnelle qui en ressort et pour ces personnes qui ont pu m'accompagner.

Gratitude pour les guides qui chaque jour ont apporté leurs messages.

Nous traversons tous certaines étapes de vie avec nos hauts et nos bas, même en tant que thérapeutes et pour autant notre chemin est devant nous.

J'ai fait le choix de me choisir pour rejoindre ma lumière intérieure et mettre au monde cette nouvelle âme dans une énergie nouvelle de re-naissance avec elle.

La vie est un cadeau. »

Quel est ton accompagnement aujourd'hui ?

Au sein de mon école Bio'illuminessence j'accompagne des personnes en éveil spirituel et des personnes souhaitant devenir thérapeute. J'y apporte les outils de guidance, d'hygiène énergétique et de protection jusqu'à des apprentissages de différentes pratiques énergétiques.

J'accompagne sur un à deux ans les élèves qui le souhaitent jusqu'à leur installation en tant que thérapeute et dans tout le développement de leur activité. C'est un apprentissage complet dans lequel ils découvrent et apprennent 30 pratiques énergétiques leur permettant de créer leurs propres soins.

Le nom de l'école Bio'illuminessence pourrait s'écrire « Bio'illumine l'Essence » :

- Bio car j'enseigne principalement des outils vibratoires en bioénergie, auxquels s'ajoutent du magnétisme, du quantique, du chamanisme, du sacré ainsi que de la communication animale.

- Illuminessence car je souhaite que chaque personne puisse mettre en lumière l'essence de qu'elle souhaite devenir, en la reconnectant à sa lumière intérieure car, au-delà des apprentissages énergétiques et de tout l'accompagnement qui y est proposé, il est primordial pour moi que chaque personne puisse trouver dans sa propre identité en tant que thérapeute.

Qui Suis-Je ?

J'aime à dire que je suis tombée dans la marmite comme Obélix dans la potion. De génération en génération, nous sommes coupeurs de feu dans ma famille et je commence à pratiquer très jeune auprès de mon grand-père et de ma mère. Je découvre la pratique des soins à distance lorsque j'ai une dizaine d'années.

Puis jusqu'à mes 21 ans, je teste et je pratique toutes sortes de techniques du côté sombre ou lumineux. Je suis de la génération de la série télévisée des sœurs sorcières, cela m'attire tout en me faisant peur. Je participe à des séances de spiritisme, je joue avec les présences, je défie les forces du mal... tout ce qui va avec ma jeunesse et mon innocence. Je tire les cartes à mes amies et coupe le feu quand c'est nécessaire.

Pour autant, je suis obsédée par comprendre pourquoi moi ? Quel est mon rôle ? Quelle est la part de la personne ? Est-ce un effet placebo ? Des questions très nombreuses qui me freinent dans mes pratiques car j'ai peur de mes capacités et surtout de ma puissance.

Puis à 21 ans, je perds mon grand-père, celui que j'adorais et qui m'avait transmis le don de couper le feu. Lui qui était agnostique, il soignait. Je l'ai vu retirer des brûlures sur des visages défigurés. Et, le jour de sa mort, j'ai la confirmation qu'il existe un autre monde. Mon grand-père avait décidé de partir en me délivrant ce message qu'il y avait bien un « après la mort. »

Au vu de la relation fusionnelle que j'avais avec lui, j'ai plongé dans une grande tristesse et je me suis fermée. Il a fallu attendre mes 36 ans pour recevoir un rappel à l'ordre de l'univers. Il était temps de reprendre mon chemin spirituel.

Entre-temps...j'avais continué à m'instruire, à suivre des formations sur le développement personnel, à lire et regarder des émissions sur le spirituel. J'ai créé mon agence de design, j'y ai découvert que je pouvais vivre de ma passion, étant designer de formation. Et progressivement je me suis perdue jusqu'à faire un burn-out, pour enfin comprendre qu'il me fallait retrouver mon chemin de vie.

Je prends donc la décision de fermer mon agence à la grande surprise de tous, expliquant que je veux me retrouver. Pleine de projets familiaux, la vie avait décidé d'une toute autre avancée... je me sépare après 7 ans de relation et je m'installe dans un nouvel appartement... « hanté » si j'ose dire comme je l'ai expliqué auparavant.

Je reprends un travail de salariée, et là... je me mets à observer des phénomènes paranormaux... à la maison puis au travail. Les verres traversent la pièce, je ressens des présences...pendant que mes canaux se rouvrent.

Je peux communiquer avec les âmes, savoir leurs histoires, ce qu'elles ont à faire, à dire... je canalise des messages sans comprendre ce qui est en train de m'arriver.

Un après-midi de printemps, une amie vient à la maison et me parle de la géobiologie. Ce mot va résonner deux jours dans ma tête comme une cloche qui retentit avant que je regarde plus en détail ce que cela signifie.

Je voulais, à cette période, retourner dans le design d'espace en indépendante et je cherchais comment intégrer mes visions et capacités médiumniques. Lorsque je regarde enfin ce qu'est la géobiologie, j'y vois comme une réponse à ma quête.

La géobiologie c'est l'étude des énergies souterraines afin d'équilibrer les habitats. Expliquer les énergies souterraines, étant déjà formée au feng shui, ce serait un complément parfait pour arriver à amener les personnes à comprendre le surnaturel.

En une semaine, j'avais trouvé ma formation, négocié mon départ et je préparais ce qui allait être, sans le savoir, le plus grand virage de ma vie. Quelques mois plus tard, j'étais à l'aéroport, prête à partir dans un monde inconnu breton où les énergies allaient dépasser tout ce à quoi je m'attendais...

A mon arrivée à l'école, j'ai eu l'impression d'avoir rejoint l'école d'Harry Potter, chaque élève avait des capacités folles, et leurs connaissances étaient telles que je compris très vite que j'apprendrais plus le soir que la journée.

Nous avancions dans notre apprentissage de géobiologue et le soir nous expérimentions, nous partions dans la campagne bretonne faire des rituels sous la lune, des soins, partager avec des présences. Nous échangions jusqu'au petit matin et nous cohabitions avec des gardiens et âmes farceuses...

Le week-end je prenais les routes à la découverte de lieux en guidance et je me perdais dans les entrailles de la forêt de Brocéliande.

Bien décidée à me réinstaller à mon compte, en tant que « domothérapeute, » je commençais à nettoyer énergétiquement des maisons.

La domothérapie, peu connue encore aujourd'hui, est la thérapie de la maison regroupant le design d'espace, le feng shui, la géobiologie et l'énergétique.

Rééquilibrer une maison c'est magique, pour autant, il est important de ré-harmoniser la personne avec son habitat.

Ce fut le deuxième virage imprévu... Un retour dans le soin pour les personnes et non plus que les maisons. J'ai dû reprendre le magnétisme et j'ai commencé à mettre en pratique mes apprentissages en bioénergie afin d'accompagner les personnes.

Durant cette période, j'ai reçu beaucoup de dons et j'ai réintégré tout ce que j'avais enfoui pendant toutes ces années, c'était comme des téléchargements qui se faisaient en interne.

Mes premières rencontres avec les guides, mon ouverture de Kundalini, mes vies antérieures dans le chamanisme...

Le destin m'avait remis sur mon chemin et sur ma mission de vie...

J'ai rencontré des chamans avec qui je me suis formée, j'ai repris les formations en développement personnel, en psycho-énergie, j'ai testé et développé mes propres méthodes énergétiques, j'ai créé des méthodes de reprogrammation. Tout un parcours dans lequel venaient s'ajouter, grâce à mon clair-savoir, d'autres apprentissages nocturnes, des téléchargements inconscients faits dans l'astral ou en canalisation.

Puis le confinement est arrivé, c'est ce jour-là que j'ai entendu « mets-toi au service. » Oui, mais comment... Je devais « diffuser de bonnes ondes. »

Je pris alors la décision de me couper des médias, plus qu'effrayants en période de pandémie. J'allais créer des méditations. Le matin, je faisais des passages d'âmes...et le soir, une fois par semaine, je me mis à faire mes premières méditations guidées en live.

La vie m'avait amenée à ce que je voulais, un monde sans frontière dans lequel je diffusais de l'amour et de la bienveillance loin de cet événement mondial. J'ai compris qu'en écoutant mes guides, je connectais à la magie de la vie. Depuis les méditations, se sont ajoutées les guidances des dons et ce que j'appelle des guidances bioquantiques (sur tous les plans temporels). L'aventure continue chaque jour et la vie me surprend encore. Faisant partie de la famille d'âmes des enseignants, j'ai commencé par créer mes premiers ateliers, puis des formations d'un jour, puis de deux mois, pour qu'en 2022, je lance mon école de formation en énergétique « Bio'illuminessence © », école qui mêle tout ce que j'ai appris et canalisé.

Liens pour me joindre :

Site de l'école
https://bioilluminessence.com/

Facebook professionnel
https://www.facebook.com/AmandineSerrierePro/

Groupe privé Facebook
https://www.facebook.com/groups/892923180867313

Instagram
https://www.instagram.com/amandine_serriere/

Youtube
https://youtube.com/@SerriereAmandine

Ressource gratuite
https://drive.google.com/file/d/1esdBXhqVr_2s2Nxiu1Q
FOwWho19wqc9d/view?usp=sharing

Flashcode

ELODIE WIART

Même au creux de la tempête, il y a toujours un espoir de renaissance !

Qu'est-ce qui t'a amenée sur ton chemin de résilience ?

J'ai vécu une épreuve destructrice avec mon partenaire pendant ma première grossesse, moment que je considère comme sacré dans la vie d'une femme. Ce choc traumatique a bouleversé l'équilibre de mon monde, faisant s'effondrer le rêve que je m'étais construit d'une vie de famille.

Suite à ce choc, un monde sombre s'est invité en moi, où la tempête faisait rage et où je ne trouvais aucun refuge, ni dedans, ni dehors.

Tout à l'extérieur était une potentielle source de réactivation émotionnelle, me faisant revivre le choc traumatique encore et encore : une musique, une odeur, un son, un geste... Mon corps était un chaos dont je ne maîtrisais plus l'intensité des vagues. Je me sentais comme une plaie ouverte que l'on arrosait d'alcool régulièrement.

J'avais conceptualisé ce qu'était un trauma, je le vivais cette fois-ci de l'intérieur. Dans ma chair. Dans mon cœur. Dans mon corps. Ma capacité d'analyse qui avait jusqu'à présent été une grande force, avait bien peu d'utilité ici et je n'ai pas eu d'autre choix que de descendre dans les profondeurs de moi-même.

J'aurais probablement pu traverser cette épreuve plus facilement si j'avais osé parler de ce que je vivais à mes proches ou à un professionnel, et avais reçu du soutien. À la place, peut-être par honte, j'ai choisi de me taire et de protéger mon partenaire. J'espérais qu'étant celui qui avait blessé, il serait celui qui réparerait. Cela n'a pas été le cas et les réponses qu'il m'a apportées (ignorance, mensonges, inversion de culpabilité...), étant lui-même dans sa propre expérience, n'ont fait que renforcer la solitude traumatique, la confusion, la détresse émotionnelle. C'était par conséquent un chemin à faire de moi à moi.

Je ne savais pas à l'époque que le manque de soutien pouvait aggraver les symptômes du trauma car il prive la personne de ressources cruciales pour y faire face et peut compromettre son processus de guérison ! Si vous êtes dans ce cas, je ne peux que vous inviter en parler à des personnes de confiance, ce n'est pas à vous de baisser le volume de votre voix.

Ne recevant pas le soutien dont j'avais besoin, j'ai alors retourné le miroir là où je pensais avoir du pouvoir : sur moi-même. J'ai essayé de voir quelle était ma part de responsabilité, ce que j'avais fait qui avait pu nous mener à cette situation et ce que je pouvais changer en moi pour ramener un équilibre... Belle inversion des rôles...

Dans un sens, c'était juste : je rejouais moi aussi des choses de ma propre histoire et c'était plutôt une belle intention que de vouloir marcher mon chemin de guérison et explorer ma part de responsabilité ou mes propres schémas ! Je ne voyais juste pas que ce n'était pas la bonne temporalité et que ce qui aurait été pertinent à ce moment-là aurait été de quitter cet environnement toxique, donc me positionner, pour aller vers de la sécurité et du soutien. J'espérais, je crois à juste titre, que l'autre prendrait ses responsabilités et que nous repartirions sur des bonnes bases.

Dans ce chamboulement de vie, un enfant était là, nécessitant la présence de deux adultes fiables et émotionnellement disponibles. Je me sentais aussi vulnérable que lui et j'ai développé une forme d'hyper-protection face à toute intervention extérieure que je vivais comme une potentielle menace pour mon fils. Mon corps était dérégulé et en insécurité. Je me sentais comme une louve blessée qui, malgré ses propres plaies à panser, luttait pour protéger son petit, même si cela pouvait étouffer sa liberté et nuire à son propre bien-être.

Les années ont passé et j'ai avancé comme je pouvais, jonglant entre mon rôle de maman et celui d'entrepreneuse. Je n'avais pas de relais et mon hyper-vigilance et ma sur-protection ont fait que je ne laissais plus de place au papa par peur pour mon fils et me fermais à l'aide extérieure. J'étais épuisée, dérégulée, à fleur de peau et régulièrement réactivée dans ce trauma puisque je restais dans cet environnement qui m'y ramenait souvent.

Je perdais ce qui était la plus grande ressource de l'humain selon moi : sa vitalité. Cette énergie de vie qui lui permet de se mettre en mouvement, d'être dans l'élan de la Vie.

Malgré les signes évidents de toxicité, j'ai persisté dans l'illusion que les choses pouvaient s'améliorer. Tentative inconsciente et désespérée de ma petite fille intérieure de réparer des blessures du passé en maintenant cette image idéalisée de la vie de famille que j'avais toujours voulue. Toutes ces stratégies visaient en réalité à éviter ce qui me faisait le plus peur : la séparation. Et derrière la séparation, la peur de me retrouver seule. Tout sauf ça !

J'avais beau aspirer à une relation de couple épanouissante, j'ai fini par considérer ma situation comme une norme, reléguant mes aspirations au second plan, convaincue que c'était à moi de revoir mes attentes. La femme rayonnante et indépendante que j'étais autrefois semblait s'être éloignée, laissant place à une version de moi-même dans le sacrifice, l'abnégation, le contrôle et la difficulté à maîtriser mes émotions. Je voulais voir cette histoire comme j'avais envie de la voir, pas comme elle était réellement.

Je me souviens encore du jour où, après plusieurs années à avoir essayé d'être entendue, j'ai capitulé. J'en ai encore la mémoire dans mon corps et je me souviens avoir eu cette pensée : « Ok, je baisse les bras, partir est encore plus incertain. » J'ai découvert à mes dépens ce qu'était l'impuissance apprise et j'ai diminué mes standards, baissé le volume de ma voix, choisi de baisser les bras.

Quel a été le déclic qui t'a permis de sortir de cette situation ?

Le premier déclic est survenu lorsque des amies m'ont fait prendre conscience des violences psychologiques que je subissais. Au début, j'ai refusé d'admettre la réalité, mais peu à peu, j'ai commencé à réaliser que ce que je vivais n'était peut-être pas normal : je suis petit à petit sortie du déni et de la banalisation de cette situation et j'ai accepté de la regarder telle qu'elle était. J'ai levé le voile de l'illusion, pas après pas, étape après étape, déconstruisant et reconstruisant au fur et à mesure. C'est un processus !

Le deuxième déclic a été l'arrivée de ma fille, 5 ans après la naissance de mon fils. J'ai réalisé le modèle que je lui offrais en tant que femme dans une relation de couple, avec un homme, et ça a été plutôt confrontant ! Malgré mes discours sur le féminisme, le respect de ses besoins, l'écoute de ses émotions... de quoi était-elle vraiment témoin au quotidien ? J'ai alors décidé d'incarner ces valeurs et d'embrasser de façon radicale mon propre chemin de résilience et de souveraineté. Plutôt que d'en parler, j'ai choisi de le marcher. Si je veux qu'elle s'honore, s'aime, se respecte, alors je dois apprendre à m'honorer, m'aimer, me respecter. Nos enfants sont de puissants vecteurs de changement !

Enfin, à force de me réveiller chaque matin avec un corps endolori, de pleurer de fatigue et de tristesse, j'ai pris conscience que si je ne faisais rien, je risquais de passer à côté de ma vie et de mes enfants. J'ai réalisé que je n'avais plus d'énergie vitale. Cela m'a valu quelques jours de turbulence intérieure mais ça m'a poussée à regarder en face la réalité : personne ne pouvait changer les choses à ma place, j'étais la seule à pouvoir agir.

Ces trois déclencheurs m'ont permis d'amorcer un virage décisif dans ma vie.

Quel a été ton chemin de guérison ?

La première étape a été selon moi d'accepter de regarder la situation telle qu'elle était et pas telle que je voulais qu'elle soit. Exit les projections, l'idéalisation, le décalage avec la réalité : il était temps que j'accepte de regarder les choses en face, voile après voile.

J'ai accepté de demander de l'aide : à une psychologue et à une association qui ont validé la situation de violences conjugales. Le fait de poser un mot sur l'expérience m'a permis de me déresponsabiliser de ce qui ne m'appartenait pas et de m'occuper de MA part, pour du vrai, non plus en fuite de la réalité mais en faisant le choix de la vivre vraiment.

J'ai également étudié davantage le sujet des traumas pour mieux comprendre ce qui se passait dans mon corps. Ça a été très déculpabilisant de réaliser que ce que je vivais portait un nom, que c'était théorisé et que mes symptômes étaient physiologiques ! Ça a également mis du sens sur mon incapacité à respirer, méditer, être présente à moi-même car c'était comme demander à mon corps de baisser la garde face à la menace (réelle ou perçue, tout était mélangé) et il n'était pas d'accord avec ça car son objectif était de me protéger.

Ce que j'avais à faire ici était de clarifier ce qui était un réel danger et ce qui ne l'était pas, et d'apprendre à mobiliser mes ressources à bon escient (ou de développer des compétences si je ne les avais pas encore). Il n'était plus question de changer des choses chez moi pour me conformer encore plus à l'inacceptable mais d'apprendre à m'affirmer, à me respecter, à écouter mes désirs de femme.

À partir du moment où je me suis assise face à moi-même et que j'ai accepté d'en être là, sans jugement et avec amour pour moi, j'ai pris la décision non négociable de me retrouver. Ça s'est fait en plusieurs étapes, mais cette décision a été un tremplin.

J'ai arrêté de chercher « comment » j'allais faire, j'ai juste intentionné de façon radicale et je me suis mise en mouvement à travers différentes formes d'action, notamment :

- Commencer à parler autour de moi de ce que j'avais vécu et ne plus être celle qui portait le poids de la honte et de la culpabilité.
- Me faire accompagner, par un vrai travail de fond sur mon système de survie et ma reprise de pouvoir dans ma vie.
- Regarder mes propres prises de pouvoir sur l'autre et incongruences, mais plus à partir de la petite fille qui pense qu'elle doit changer quelque chose chez elle pour être enfin aimée…à partir de la femme qui se dirige dans sa vie et fait les bons choix pour elle.
- Oser m'affirmer de plus en plus dans mes besoins, mes limites, mes désirs.

J'ai observé que plus j'avançais dans mon affirmation de moi et me détachais véritablement de mes attentes sur mon partenaire pour reprendre ma vie en main, plus je le sentais s'ajuster lui aussi dans la relation et se remettre en question. J'ai pourtant fini par le quitter car j'avais enfin à nouveau accès à mes émotions, notamment à une colère saine qui m'a fait réaliser que je n'acceptais pas ce qui s'était passé et que j'aurais potentiellement passé ma vie à être en défensive à ses côtés et à lui faire payer ses décisions passées. Je crois que je devais entreprendre un chemin d'amour et de respect vers moi-même avant toute autre chose. M'offrir à moi-même ce que j'offrais à l'extérieur et attendais en retour.

Cette séparation s'est faite en plusieurs étapes car c'était un sujet vulnérable pour moi. J'ai traversé ce qui me faisait le plus peur : devenir une femme libre et autonome. Cela ne s'est pour autant pas fait sans défis car mon corps avait engrammé en lui de nombreuses mémoires d'épuisement, de peur du rejet, de culpabilité, de rage, d'impuissance...

J'ai retroussé mes manches avec curiosité et j'ai fait le choix d'accepter de mettre les mains dans le cambouis. Ça m'a demandé du courage d'entamer ce chemin de guérison intérieure car il s'agit de regarder là où ça fait mal sans replonger dedans inutilement. Cela m'a demandé aussi de choisir avec discernement la personne qui allait accompagner sur ce chemin et mon âme savait exactement où aller.

Je suis assez radicale sur ces sujets-là et j'ai eu la chance de sentir les bonnes personnes pour moi une fois que je l'avais décidé. Il m'a alors fallu comprendre que ce n'étaient pas eux qui régleraient mes défis de vie à ma place parce que je les payais... par contre ils me soutiendraient à trouver ma propre façon de les relever. Magnifique leçon sur ce chemin de résilience : j'ai les ressources en moi et je peux les mobiliser quand je le souhaite. Et si je n'ai pas encore les ressources, je peux apprendre ! Tout est leçon, tout est expérience, tout est apprentissage.

J'ai défini une direction que j'appelle aujourd'hui mon Étoile du Nord : c'est comme la destination que l'on entre dans le GPS pour savoir vers où se diriger. Me concernant, c'était surtout retrouver mon état de fonctionnement naturel, mon intuition et ma liberté. Comment ? Aucune idée. Quelle forme ça prendrait ? Aucune idée. J'avais face à une page blanche qu'il m'appartenait d'écrire, et c'est ce que j'ai entré dans mon « GPS ». J'ai alors actionné en ce sens en relevant les défis. À partir de là, c'est comme si la vie répondait à ce nouveau jeu que je commençais à jouer avec elle. Je ne savais pas où j'arriverais mais ça n'avait pas d'importance. J'avançais chaque jour, tombais, me relevais, apprenais... Le mouvement était impulsé et la vie me répondait par de nouvelles rencontres, de nouvelles décisions, des guérisons... Je me suis rencontrée de plus en plus sur ce chemin, affinant ce qui me convenait et ce que je ne voulais plus. J'ai repris le chemin d'une vie dynamique et suis sortie de la stagnation.

Je suis sortie de mes espaces d'impuissance en recommençant à poser des actions alignées, parfois inconfortables, mais qui élargissaient ma zone de sécurité, me permettant ainsi de regagner en confiance en moi.

J'ai recommencé petit à petit à faire alliance avec la vie. C'était comme si elle me disait : « Ah, te revoilà ! ». Finalement, elle jouait au jeu que je choisissais de jouer avec elle...

J'ai changé d'environnement, ça m'a pris un certain temps et il m'a fallu un sacré coup de pouce de la vie pour y arriver, mais mon système nerveux m'en remercie ! Définitivement, rester dans un lieu qui dérégule quotidiennement n'aide pas à la guérison.

Je me suis libérée d'une colère que je refusais de lâcher car je pensais que c'était tout ce qui me restait pour montrer à quel point ce que j'avais vécu était dégueulasse... J'ai compris que finalement c'était à moi-même que je faisais du mal ! Je me suis pardonnée d'avoir fait les choix de ces dernières années en reconnaissant que j'avais fait de mon mieux et en envoyant plein d'amour à l'enfant intérieur qui avait mobilisé tant d'énergie pour honorer son rêve de vie de famille.

J'ai arrêté de fuir mes sensations et j'ai appris le pouvoir de la respiration et de la connexion au corps, ce qui m'a d'ailleurs amenée à me former au Breathwork.

J'ai ramené à l'intérieur de moi, grâce à des visualisations, les parts de moi restées figées dans le passé. J'ai fait l'expérience que la guérison ne consistait pas à devenir quelqu'un d'autre mais à permettre à ces parts de moi blessées de « rentrer à la maison » à partir du moment où l'adulte que j'étais avais les ressources pour avancer dans le monde.

J'ai fait le deuil de parties de moi qui n'étaient plus à mon service en me retrouvant parfois face à une page blanche de ma vie : qui je suis si je ne suis plus celle qui sauve, celle qui est en empathie tout le temps, celle qui (...). La beauté des processus de vie, mort, renaissance.

J'ai compris que mon but ultime était l'amour, dans le donner et recevoir... et quelle valeur cet amour avait si la personne en face aimait le personnage que je jouais et pas qui j'étais ? J'ai donc accepté de prendre le risque d'être rejetée par des personnes qui comptaient pour moi en osant agir à partir de ma vérité et plus à partir de ce que j'imaginais qu'elles attendaient de moi (les projections ont encore de grands jours devant elles...).

Je ne faisais plus un travail sur moi pour encore mieux correspondre à ce que j'imaginais totalement inconsciemment que les autres attendaient de moi mais pour vraiment reprendre le pouvoir sur ma propre vie.

Je pourrais vous dérouler une liste encore longue comme le bras tellement j'ai découvert sur moi durant ce voyage, et cela continue car c'est un chemin. En tout cas, pas à pas, j'ai réinvesti mon corps, je me suis entourée de personnes soutenantes, je me suis réapproprié ma vie et mes choix.

J'ai appris progressivement à faire de mon corps un refuge là où avant il n'était qu'un espace hostile que je ne pouvais que fuir. Je ne vois plus du tout les choses comme une quête à atteindre mais comme une façon de choisir la manière dont je veux vivre, dans un mouvement dynamique, une danse avec la vie.

Pourquoi c'est important pour toi d'être à l'écoute de ton corps ?

Je suis fascinée depuis enfant par le vivant et j'ai longtemps cru que le corps n'était qu'un véhicule sans grand intérêt. Pourtant, c'est un messager qui, si on le reçoit, nous envoie sans cesse des signaux subtils pour nous guider dans la vie. J'étais tellement bornée à le nier qu'il a dû m'envoyer une grosse bombe pour que je n'ai plus d'autre choix que de l'écouter.

Dans ce corps, nous portons également les traces de nos expériences passées (et pas que !), notamment à travers des émotions qui n'ont pas terminé leur chemin lors d'événements douloureux et qui finissent par stagner. Ça devient un brouhaha intérieur, une place où il ne fait pas forcément bon vivre et que l'on peut avoir envie de fuir. Notre énergie est bloquée, ne se dirige pas vers la vie... et il est plus difficile d'entendre ce que nous envoie notre corps comme information.

Or, notre corps est notre GPS. Si le GPS est brouillé, comment entendre là où il nous invite à nous diriger. En tant qu'accompagnante, j'utilise mon corps comme instrument de travail. Mes ressentis, mes intuitions, les mouvements subtils que je perçois... sont mes outils principaux. Le libérer de ce qui entrave la bonne réception des informations fait partie de mon job !

Quand tu regardes ton parcours de résilience et que tu regardes où tu en es aujourd'hui, que vois-tu ? Qu'est-ce que ça t'inspire ?

Je vis de la gratitude pour le chemin parcouru.

Quand on avance, nos normes bougent en permanence et je vois comme c'est facile d'oublier comment c'était avant et de banaliser ce qui est aujourd'hui, le considérant comme « normal ». Je suis impressionnée de voir comment l'humain fige le mouvement de la vie au lieu d'en reconnaître son côté dynamique.

Chaque expérience, en sortant des jugements de bonne ou mauvaise, a été une leçon qui a musclé mon corps à traverser les défis de la vie. Désormais, lorsque je suis face à des défis, je ne les refuse plus, je ne lutte plus contre eux. Au contraire, je les accueille comme des opportunités de croissance. J'ai confiance qu'après chaque contraction, vient une ouverture. En laissant les défis me traverser, je découvre la force et la sagesse qui émergent de ces moments d'adversité.

Je suis aussi reconnaissante d'avoir fait l'expérience de ce chemin de résilience. Cela me permet de saisir les points de pression que peut vivre une personne tout en ayant conscience que chaque expérience est unique. Chaque personne va en faire l'expérience à sa façon, aura son propre chemin.

Et quand on arrive à passer de la peur à l'amour, dans une ou plusieurs sphères de sa vie, c'est beau !

Y a-t-il autre chose sur ton chemin de résilience que tu aimerais ajouter ?

Le chemin de résilience est une expérience personnelle, intime.

Lorsque j'étais engluée dans cette relation toxique, j'ai passé du temps à essayer de comprendre, mettre du sens sur ce qui se rejouait... en soi, ça a été plutôt positif puisque ça m'a invitée à faire des liens. Mais en faisant cela, mon attention était majoritairement placée sur le « pourquoi » donc le passé, et pas sur le « comment » pour actionner un mouvement vers un changement.

Mon travail intérieur n'a été pertinent qu'à partir du moment où j'ai commencé à l'associer à des actions alignées dans la matière. Sans ça, ça restait une fuite. J'ai expérimenté que je vivais des changements sans même comprendre d'où ça venait et que la compréhension n'était absolument pas nécessaire à la guérison. J'ai arrêté de faire du travail d'introspection le jour où j'ai compris que je ne faisais que nettoyer ma prison intérieure et que finalement, je restais dans ma caverne de Platon. Il y avait un autre monde à l'extérieur ! Faire un travail intérieur et stagner dans sa vie n'a absolument aucun intérêt !

J'ai vécu de nombreuses guérisons juste par des choix que j'ai posé, en osant avancer avec mes peurs sans qu'il y ait le moindre besoin de partir dans un processus intérieur.

Aujourd'hui, la toile regorge de coachs, de thérapeutes qui partagent leur vérité, leur regard, leur témoignage. Comme je peux le faire. Ça me semble important de dire que ce qui m'a aidée moi décalera peut-être une autre personne d'elle-même. Ce qui a fonctionné pour moi un jour ne fonctionnera peut-être plus une autre fois. Nous sommes en mouvement !

Donc attention à l'addiction au travail d'ombre qui nous maintient en réalité dans nos schémas. Est-ce que ce voyage que j'ai entamé avec moi-même m'amène véritablement à me rencontrer moi, à agir à partir de mon élan de vie, m'amène de la joie ?

Attention aussi à la poudre aux yeux, aux vérités universelles, aux recettes miracles pour tout le monde... Et vigilance aussi parce que l'ego est pas mal fort aussi pour récupérer ce qu'il lit à l'extérieur en le filtrant pour venir confirmer ce qui l'arrange et continuer à tourner en rond dans sa mélasse.

Aujourd'hui, qu'est-ce que ce chemin de résilience a changé dans ta relation avec tes enfants ?

J'ai compris que je n'avais pas plus de valeur si je me sacrifiais et que mes enfants ne seraient pas plus heureux. Au contraire, j'avais à travailler sur mon épanouissement, mon affirmation, ma joie. Car c'est ce qu'ils retiendraient plutôt que les beaux discours désincarnés.

En guérissant mes propres blessures, en reprenant la responsabilité de mes choix, j'ai pu me pacifier à l'intérieur et à nouveau être de plus en plus disponible pour moi et donc pour eux.

Je suis globalement sortie du rôle de la mère sacrificielle qui fait passer les besoins de sa famille avant les siens (et ça n'était pas gagné car je ne voulais pas le lâcher celui-là !) et je fais vraiment l'expérience aujourd'hui que plus je suis présente à moi, plus je prends soin de moi, plus je m'honore en tant que femme et plus j'ai de l'énergie, de la disponibilité, une qualité de présence pour mes enfants.

Le plus compliqué a été de regarder en face les choix que j'avais faits par le passé, de m'asseoir avec ça et avec ce que ça me faisait vivre, de respirer dedans, d'en assumer ma part de responsabilité et l'impact sur mes enfants puis de faire des choix différents. Et le voyage continue, la parentalité est l'affaire d'une vie, n'est-ce pas !

La culpabilité arrive lorsque nos actions, nos choix vont à l'encontre de nos valeurs. Dans la relation avec mon fils, elle était si importante de n'avoir pas su lui offrir un environnement sécure que j'ai longtemps refusé de le regarder. Ça me faisait vivre trop de culpabilité, de tristesse, de colère... et quand je connectais à ça, je rajoutais de l'émotionnel à l'émotionnel... Dans un corps émotionnel meurtri, c'était difficile à affronter... Cela me paraissait incommensurable, trop difficile à ressentir, impossible à réparer, une nouvelle montagne à franchir alors que je recommençais seulement à reprendre mon souffle.

Pourtant, en nourrissant cette culpabilité et cette attitude, je restais dans une posture où je n'assumais pas mes responsabilités de maman et je nourrissais ce que je ne voulais plus. Cercle vicieux ! Ce chemin de réparation et de guérison avec mon fils a été - et est toujours - un défi pour moi. Que je peux aujourd'hui regarder avec amour et compassion. Cela me demande d'avoir le courage de regarder en face les conséquences de mes propres choix, conscients ou non, volontaires ou non, et de décider que ça change. Je sais que c'est possible, puisque je l'ai déjà fait. Mon corps sait.

La question est d'autant plus intéressante que tu as travaillé dans le secteur de la protection de l'enfance. Tu n'as pas fait ça par hasard ?

Avec une maman confiée à la DDASS à la naissance et une bonne partie de ma famille paternelle ayant fait carrière dans le secteur social, je crois pouvoir dire que le fait que je devienne éducatrice dans la protection de l'enfance n'a probablement pas été un hasard.

Grâce à mon histoire de vie et ma passion pour l'humain et les mécanismes de défense que je voyais depuis petite, ça m'a permis d'accompagner les jeunes en faisant la distinction entre leur être et leurs mécanismes de défense. C'est mon fil rouge d'ailleurs, dans tous mes choix professionnels. Et c'est qui je suis aussi. J'ai juste appris à le faire avec moi-même également !

Et puis, j'ai dû apprendre à être maman !

Quel est ton accompagnement aujourd'hui ?

Je suis fascinée depuis que je suis enfant par la vie, sa magie, ses mystères, tout ce que l'on ne voit pas avec nos yeux d'humains. Et par la façon dont l'humain se protège de ses blessures et développe un personnage de survie pour traverser les épreuves de son existence et rester en lien avec les autres... en se coupant paradoxalement de lui-même et de ce qui l'anime au fond de son être, de son cœur.

Alors je crois que c'est assez naturellement que j'accompagne les autres à se reconnecter à eux. A sortir de leurs réactions de survie pour revenir en responsabilité dans leur vie. Sortir du rôle que l'on joue et des masques que l'on porte pour revenir en présence avec soi. Se rencontrer, soi en premier. C'est drôle comme la vie m'a montré à quel point c'était clair et limpide pour les autres alors que je ne voyais pas que je ne le faisais pas pour moi-même.

C'est mon fil rouge autant pour mon activité de formatrice et de superviseure que de coach et de thérapeute. Et à partir de cette intention, je vais chercher dans mon grimoire et je mets dans mon chaudron ce qui sera adapté pour chacun.

Concernant l'individuel, j'accompagne principalement les femmes sur leur propre chemin de guérison en les aidant à se remettre au centre de leur vie, à s'écouter, à se respecter, à prendre des décisions qui sont alignées avec leurs désirs et leurs aspirations. Si je devais résumer, je dirais que je les accompagne à se retrouver et à se rencontrer elles-mêmes.

Nous venons de générations de rapports de domination/soumission. Il est temps que nous reprenions le chemin de relations conscientes et responsables et ça passe, selon moi, d'abord par soi-même.

Se remettre au centre de soi-même demande à se libérer de vieux schémas, acquérir de nouvelles compétences, déconstruire (des façons de penser, des mécanismes qui ne sont plus alignés à qui on est) et en même temps reconstruire (être comme face à une page blanche à inventer), la vie n'aimant pas le vide.

Le chemin de guérison est à mon sens un mouvement dynamique continu qui peut tout aussi bien être intense que subtile.

Mon rôle en tant qu'accompagnante est donc de soutenir les femmes que j'accompagne dans ces mouvements de vie.

De sortir des histoires qu'elles se racontent pour se rapprocher d'elles-mêmes, de ce qui les anime, de leurs ressentis, de leurs désirs.

Je les accompagne à s'alléger de mémoires du passé et de s'autoriser à vivre l'expérience de leur vie. D'en traverser les intensités. D'apprivoiser leurs peurs et d'avancer avec elles plutôt que de les fuir. De rouvrir leur cœur. D'agir en cohérence avec elles-mêmes.

Car quand on a vécu des expériences de vie douloureuses, notre corps a pu mettre en place des stratégies de protection que l'on fige pour ne plus risquer de flancher ou de souffrir. L'idée est ici de les regarder, de les reconnaître pour ce qu'elles sont et, lorsque c'est prêt et progressivement, remettre du mouvement dans ce qui a été gelé.

C'est aussi se mettre en mouvement dans sa vie en en devenant l'exploratrice, la créatrice.

Chaque personne est unique, de même que chaque accompagnement l'est également. Je ne suis pas une baguette magique qui vient tout régler, mais j'accompagne à un instant T de la vie à remettre de la clarté et à reprendre du pouvoir sur certains aspects de sa vie.

Ensuite, je crée des espaces qui invitent à la transformation. Je ne fais pas de séance à la carte (sauf en Breathwork) car je veux accompagner en profondeur. C'est comme si je montais dans le bateau de ma cliente jusqu'au prochain port, elle aux commandes et moi en arrière-plan pour soutenir son voyage.

Les accompagnements que je propose sont également destinés à des personnes qui ont pris la décision qu'elles désiraient un changement dans leur vie et qui sont prêtes à en relever les défis. Que ce soit avec des pantoufles face à un feu de cheminée pour celles qui ont besoin d'y aller en douceur ou en enfilant des baskets pour aller faire un marathon pour celles qui sont prête à passer à la vitesse supérieure, l'intention est de sortir de ce qui stagne pour amener le mouvement et donc le changement.

Je ne recommande pas mes accompagnements aux femmes qui sont en plein tourbillon et qui ont besoin d'un espace de soin, mais plutôt à celles qui en sont sorties et qui veulent développer un rapport à la vie qui leur permette de danser sous la pluie, de traverser les défis et de se choisir.

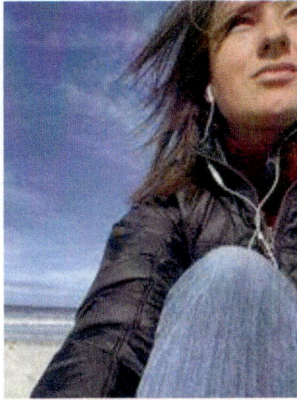

Liens pour me joindre

Site Internet
https://elodiewiart.com/

Instagram
https://www.instagram.com/elodie_wiart/

Coordonnées
elodiewiart.at@gmail.com

C'est l'histoire d'une rencontre.
Une rencontre avec soi-même,
Dans l'intimité de son être,
En résonance avec le monde qui l'entoure.

C'est l'histoire d'un passage.
Passage du monde de la survie à celui de
la Vie,
À celui de l'Envie.
Un monde qui inspire et expire en
permanence
Dans l'impermanence.

Par Elodie Wiart

A propos d'Isabelle Boyer de la Giroday

Si tout le monde a quelque chose d'intéressant à partager, il y a des personnes qui ont un vrai message à transmettre !

Le superpouvoir d'Isabelle, c'est de vous aider à canaliser ce message, ce livre qui est en vous.

Son approche unique permet de générer rapidement et facilement votre livre, même si vous ne savez pas par où commencer.

Vous voir impacter des milliers de personnes dans votre mission de vie, voilà ce qui la motive chaque jour.

Journaliste, coach d'auteurs et consultante en stratégie business, Isabelle a aidé des centaines d'entrepreneurs à devenir des auteurs à succès dans le monde entier et à faire de leur livre un vrai outil de croissance.

Retrouvez Isabelle ici :

Site
https://www.isabellegiroday.com

Facebook
https://www.facebook.com/isabellegiroday/

Instagram
https://www.instagram.com/isabellegiroday/

YouTube
www.youtube.com/@BeExtraordinaryTV/

Linkedin
https://www.linkedin.com/in/isabellegiroday/

Plenitude Publishing

est au service de l'élévation de la conscience et du développement personnel

Autres Parutions

Mieux S'aimer pour Mieux Aimer par Isabelle Boyer de la Giroday

Messages d'Amour, De Lumière, d'Espoir et de Sagesse De Maîtres Ascensionnés, Anges & Archanges par Marie-Pier langlois

Confessions Of A Horse Healer : A Journey Into Self-Healing par Heather Mowers

Spirituality & Puzzle Pieces : A Journey of Deeper Learning par RoseAnn Janzen

Happy Sparkles of Divine : From Stress to Bliss par Isabelle Boyer de la Giroday

Feminine Influencers : Healers, Leaders, Givers par le collectif féminin Ilka Chavez, Janece Hoopes, RoseAnn Janzen, Michelle Quinn, Abby Rohrer, Shelley Sanders, Zhanna Shpitz

Retrouvez tous nos livres sur Amazon !

PLENITUDE MEDIA & PUBLISHING LTD
71-75 Shelton Street
Covent Garden
London WC2H 9JQ

PLENITUDE PUBLISHING

Printed in Great Britain
by Amazon

50406888R00109